Sprossen & Mikrogrün

AngelikA Fürstler

Sprossen & Mikrogrün

70 ultimative Superfoods aus dem eigenen Küchengarten

HANS-NIETSCH-VERLAG

8. Auflage, Dezember 2023

Lektorat: Ulrike Oberländer
Korrektorat: Petra Westermann
Fotos: Mónica García & José Barba, Rebecca Marshall, AngelikA Fürstler, Romain Almirall-Torrel-Fürstler, Gil Frishman
Druck: Dimograf Sp. z o.o., Bielsko-Biała/Polen

Hans-Nietsch-Verlag
Industriestraße 20
64380 Roßdorf

www.nietsch.de
info@nietsch.de

ISBN 978-3-86264-336-3

Inhalt

Vorwort

Mein erstes Mikrogrün war Gartenkresse, die in meinem Kindergarten gezogen wurde. Ich beobachtete begeistert, wie aus den Samen kleine Pflänzchen wuchsen, die ich mir über den Salat streuen konnte. Um welch ein herausragendes Wunderlebensmittel es sich dabei handelte, war mir allerdings nicht bewusst. Ebenso wenig war mir klar, dass es noch unzählige weitere Sprossenarten gibt, die wahre Schätze der Gesundheit und des Genusses sind.

So richtig aufmerksam wurde ich erst sehr viel später. Auf einem Markt in Mexico City stieß ich auf eine Frau, die frische Säfte und Smoothies anbot. Ich fragte sie, was denn dieses „komisch aussehende Grünzeug" sei. Ihre Antwort lautete: „Alfalfasprossen. Sie sind so ziemlich das Gesündeste, was ich verkaufe." Ich probierte einen Smoothie mit dieser Zutat und da er ausgezeichnet schmeckte, wurden Sprossen zum festen Bestandteil meines Speiseplans.

Das nächste große Aha-Erlebnis hatte ich in einer Juice-Bar in Berkeley in der Nähe von San Francisco. Ein Freund fragte mich, ob ich schon einmal Weizengrassaft getrunken hätte und schwärmte von dessen gesundheitsfördernden Wirkungen. Nun ja, der Geschmack meines ersten „Shots" – etwas grasig, etwas süß – erwies sich als gewöhnungsbedürftig, doch schon nach wenigen Minuten merkte ich, was für einen unwiderstehlich belebenden, reinigenden Effekt der Weizengrassaft hatte – als würden meine Zellen hüpfen vor lauter Freude und Vitalität. Seitdem genieße ich dieses grüne Lebenselixier bei jeder sich bietenden Gelegenheit.

Als ich 2011 nach Frankreich zog, waren Sprossen, Mikrogrün, Weizengrassaft & Co. dort so gut wie unbekannt. Es gab keine einzige Bar, kein einziges Geschäft, wo ich einen Weizengras-„Shot" oder Sprossen kaufen konnte. Dies führte dazu, dass ich mich intensiv mit dem Sprossenziehen in den eigenen vier Wänden beschäftigte. Ich war verblüfft, wie schnell und einfach ich das gesündeste Superfood der Welt selbst herstellen konnte. Dazu schmeckten die frisch geernteten Sprossen viel besser als die gekauften und kosteten nur einen Bruchteil.

Auch wenn ich bereits vor meinen Erfahrungen mit Sprossen glaubte, gesund und fit zu sein, so erkenne ich heute, dass erst diese Art der lebendigen Nahrung mich so richtig zum Leben erweckt hat. Schon der Prozess des Keimens alleine verbindet uns wieder mit den natürlichen Lebensprozessen und bietet uns die Chance, mehr im Einklang mit der Natur zu leben.

Ich wünsche dir, dass sich die unendliche Lebenskraft der Sprossen auf dich überträgt und dich dabei unterstützt, dein volles Potenzial zu leben.

HerzLicht

Sprossen und Mikrogrün neu entdecken

Wer clever ist, zieht seine Sprossen selbst!

Das ultimative Superfood

Vor 60 Jahren veröffentlichte Dr. Clive M. McKay, Professor für Ernährung an der *Cornell University* in Ithaca (New York), unter dem Titel „Wanted" einen Artikel über Sprossen. Darin schrieb er: „Gesucht: Gemüse, das in jedem Klima wächst, dessen Nährstoffgehalt dem von Fleisch Konkurrenz macht, das in drei bis fünf Tage erntereif ist, an jedem Tag des Jahres gesät werden kann, weder Erde noch Sonne braucht und so viel Vitamin C wie Tomaten enthält, dessen Anbau keinen Abfall verursacht und das genauso schnell zubereitet werden kann wie ein Steak." Gesucht und gefunden: Sprossen sind Professor McKays Wundergemüse, denn sie erfüllen all diese Kriterien.

Sprossen im Alltag

Doch Sprossen spielen in der modernen Ernährung kaum eine Rolle und das Sprossenziehen scheint nicht in unsere hektische Zeit zu passen. Es scheitert oft auch an offenen Fragen wie: Wie mache ich es richtig? Welche Methoden gibt es und welche passt für welche Samen am besten? Wie bereite ich geerntete Sprossen zu, sodass sie lecker schmecken und die Inhaltsstoffe optimal erhalten bleiben? Nach meiner Erfahrung haben Sprossen die Fähigkeit, wieder mehr Harmonie und Lebendigkeit in unser Leben und unsere Welt zu bringen. Sie sind einfach rundherum zu wertvoll, um weiterhin ignoriert zu werden. Daher gebe ich dir in diesem Buch neben meinen Lieblingsrezepten auch alle Informationen und „Tools" an die Hand, die du für den eigenen Sprossenanbau brauchst. Die Beschreibung der beliebtesten und besten Keimmethoden soll dir helfen, das für dich passende Keimgerät zu finden. So wird die Reise in die Wunderwelt der Sprossen zum Spaß für die ganze Familie! Und zur Belohnung gibt es frische, gesunde und köstliche Sprossen aus deinem eigenen Küchengarten.

Sprossen kulinarisch genießen

Neben ihren Vorzügen für unsere Gesundheit und unser Wohlbefinden sind Sprossen eine kulinarische Bereicherung und finden mittlerweile auch in der gehobenen Gastronomie Beachtung. Aber nicht nur ausgewachsene Sprösslinge, sondern auch für wenige Stunden „aktivierte" Samen sind unglaublich vielseitig verwendbar. Das „Aktivieren", also das Einweichen von Samen, ist eine wunderbare Alternative, wenn uns die Zeit fehlt, um Sprossen über mehrere Tage zu ziehen. Diese simple Technik verwandelt im Handumdrehen Nahrungs- in Lebens-Mittel, die ein Optimum an Nährstoffen und Geschmack liefern.

Mit schleimbildenden Samen, wie z. B. Lein- oder Chiasamen, können wir Saucen eindicken, Smoothies anreichern, köstliche Puddings zubereiten und dehydrierten Snacks eine crunchige Konsistenz verleihen. Bereits nach 4 Stunden Einweichzeit ist geschälter Buchweizen die perfekte Basis für glutenfreie vegane Pfannkuchen. Außerdem kannst du mit „aktivierten" (und zusätzlich fermentierten) Nüssen veganen Joghurt, probiotische Vitalmilch und sogar rein pflanzlichen Käse zubereiten (Seite 122 f.).
Eine Übersicht über die verschiedenen Sprossenarten („Sprossenguide-Tabelle", Seite 178 ff.) zeigt auf einen Blick, was es beim Keimen zu beachten gilt, welche Wirkung die kleinen Pflänzchen auf unsere Gesundheit haben und vor allem, wie sie schmecken und wie du sie kulinarisch am besten verwendest.

Sprossen in der Geschichte

Sprossen als Teil der menschlichen Ernährung sind keine Erfindung der Neuzeit. Sie gehören zu den ältesten Nahrungsmitteln der Menschen und bereits aus alten chinesischen Schriften geht hervor, dass Sprossen gegen verschiedenste Krankheiten empfohlen wurden. Vor einigen Hundert Jahren erkannten auch europäische Ärzte das Potenzial von Sprossen. So wurden sie im 17. und 18. Jahrhundert – in der Regel zu Pulver verarbeitet, um sie für die langen Reisen haltbar zu machen – zum Überlebensmittel für Seefahrer. Kressesamen hingegen ließ man direkt an Bord auf Leintüchern keimen und befeuchtete sie mit Regenwasser.

Ganzheitlich leben mit Sprossen

Dank des immer größer werdenden Bewusstseins, was den Zusammenhang von Ernährung und Gesundheit anbelangt, erlebte das Sprossenziehen in den letzten fünfzig Jahren eine kleine Renaissance, zuerst vorwiegend in den USA, später auch in Europa. Sprossen sind legales Doping für Sportler, wahres Brainfood für den Berufs- und Schulalltag und unterstützen uns, endlich das Wunschgewicht zu erreichen und von innen heraus gesund und schön zu sein.

20 gute Gründe für einen eigenen Sprossengarten

Eines ist sicher: Wer Sprossen selbst zieht, wird im Überfluss belohnt. Es ist nahezu unglaublich, wie viele Vorteile ein eigener Sprossengarten mit sich bringt! Es ist, als würde das gesamte Universum in seiner Vielfalt und seinem unglaublichen Reichtum unser Zuhause durchfluten! Dein Sprossengarten bringt dir folgenden Nutzen:

1 Auch wenn Gemüse nur kurz gelagert wird, es gehen dabei immer gesundheitsfördernde Inhaltsstoffe verloren, Frische und Geschmack leiden ebenfalls. Sprossen dagegen müssen nicht gelagert werden, weil sie mühelos fortwährend und in relativ kurzer Zeit neu gezogen und geerntet werden können.

2 Sprossen sind in der Regel bereits nach 3 bis 5 Tagen essbar! Besonders schnelle Sorten, wie zum Beispiel Buchweizen, Sonnenblumenkerne, Quinoa und Bockshornklee, sind bereits nach weniger als 1 bis 2 Tagen erntereif. Sprossen können in jedem beliebigen Klima rund um den Globus „angebaut" werden.

3 Besonders im Winter sind Sprossen die beste Alternative zu importiertem, tiefgefrorenem oder eingelagertem Gemüse, denn sie können das ganze Jahr über zu Hause angebaut werden.

4 Verschmutzungen durch Chemikalien (wie Pestizide) oder sonstige Schadstoffe in der Umwelt lassen sich beim Sprossenziehen weitestgehend vermeiden.

5 Sprossen brauchen keine Erde zum Wachsen.

6 Kein Gemüse ist so kostengünstig wie Sprossen. Zur Kultivierung sind nur die Samen selbst und Wasser notwendig. Luft und Licht stehen dir überall und jederzeit kostenlos zur Verfügung. Was die Keimgefäße anbelangt, so kannst du auch improvisieren, doch der Kauf von speziellen Keimgeräten (siehe „Equipment und Keimmethoden", Seite 22) ist meist nicht sehr kostenintensiv.

7 Der Sprossengarten ist gleichzeitig eine „Apotheke der Natur", denn Sprossen versorgen uns mit einer Vielzahl an Mikronährstoffen – Vitaminen, Mineralstoffen und Spurenelementen, sekundären Pflanzenstoffen sowie Ballaststoffen. Nie wieder in ihrer Entwicklung kann die Pflanze mit einer solch hohen Konzentration an wertvollen Nährstoffen und Lebensenergie (Biophotonen) punkten wie in der Keimphase.

8 Die meisten Sprossen, vor allem Mikrogrün und Gräser, helfen, den Säure-Basen-Haushalt des Körpers im optimalen Bereich zu halten.

9 Sprossen versorgen uns mit allen essenziellen Aminosäuren, die vom Körper leicht und schnell aufgenommen werden können – ein „Must-Have" in einem bewegten, vitalen Leben. Gut auch für vegan lebende Menschen, da viele Sprossen eine ausgezeichnete Quelle für die essenzielle Aminosäure Lysin sind, die in der veganen Küche nicht immer ausreichend zur Verfügung steht.

10 Sprossen sind kalorienarm und ballaststoffreich, was sich bestens auf unsere Verdauung, unser Wohlbefinden und unser Körpergewicht auswirkt. Der hohe Nährstoffgehalt bei gleichzeitig geringem Kaloriengehalt macht sie zu einem klassischen, preisgünstigen Superfood für jedermann.

11 Sprossen bereichern unsere kulinarischen Kreationen durch viele unterschiedliche Geschmacksnuancen sowie prächtige Farben (zur Dekoration besonders geeignet).

12 Es gibt eine Auswahl von mehr als 45 Sorten von Sprossen.

13 Sprossen machen uns unabhängiger von Jahreszeit und dem Angebot in den Läden, denn durch den eigenen Sprossengarten können wir uns selbst jederzeit mit hochwertigster Nahrung versorgen.

14 Kinder lieben Sprossen. Ein eigener Küchengarten macht selbst Großstadtkinder mit den Prozessen in der Natur vertraut.

15 Sprossen sind eine Nahrung für Körper, Geist und Seele, denn das Sprossenziehen verbindet uns wieder mit der Natur und dem Wunder des Lebens. Wir hegen und pflegen die Keimlinge und treten so in Beziehung zur Pflanzenwelt.

16 Mit dem eigenen Küchengarten sparen wir nicht nur Geld, sondern tun auch etwas Gutes für Umwelt und Mutter Erde: Transport, Verpackung und Kühlung von Gemüse fallen weg und wir verbessern zudem noch unsere CO_2-Bilanz. Ist das nicht super?!

17 Keimsaat können wir mehrere Jahre lagern.

18 Sprossen werden auch als „Survival Food" bezeichnet und sind ideal für längere Wanderungen oder Expeditionen. Das Keimgut benötigt wenig Platz, muss nicht gekühlt werden, kann Monate, ja sogar Jahre gelagert und in kürzester Zeit – mit Wasser – in eine Power-Nahrung verwandelt werden.

19 Sprossen und Mikrogrün finden aber auch im Beautybereich Verwendung. So ist zum Beispiel Weizengrassaft, der als Maske auf die Haut aufgetragen wird, vor allem bei gesundheitsbewussten Celebritys ein echter Geheimtipp.

20 Und das Beste: All diese Vorteile gibt's für nur 2 bis 5 Minuten Zuwendung täglich.

Vitalstoffwunder „Sprosse“

Zuerst werfen wir einen Blick darauf, was bei der Entwicklung von Sprossen passiert und welche Phasen sie vom Samen bis zum Mikro-grün durchlaufen. Anschließend beschreibe ich die verschiedenen Vitalstoffe in den jungen Pflänzchen, die für unsere Gesundheit und Vitalität von großem Nutzen sind.

Vom Samen über Sprossen zum Mikrogrün

Die Aktivierung ist die erste Phase des Sprossenziehens: Die Samen werden eingeweicht, dadurch „erwecken" wir sie sozusagen zum Leben: Wir machen sie dadurch nicht nur leichter verdaulich, sondern erhöhen die Wirksamkeit ihrer Vitalstoffe für uns deutlich.
Danach bildet sich der „Keimling", er enthält sowohl die oberirdischen Teile als auch die jungen Wurzeln. Geben wir dem Keimling mehr Zeit, um sich zu entwickeln, wird daraus die Keimsprosse, schlicht „Sprosse" genannt. Sprossen werden gewöhnlich als Ganzes verzehrt – also samt Keimblättern, Stängel sowie Wurzeln und in den meisten Fällen auch mit den Samenhüllen. Im üblichen Sprachgebrauch, wie auch in diesem Buch, wird nicht zwischen „Keimling" und „Sprosse" unterschieden.
Die Sprosse entwickelt sich weiter zu Mikrogrün, Grünkraut oder Gras, die umgangssprachliche ebenfalls als Mikrogrün bezeichnet werden. Ich führe sie einzeln an, da es Unterschiede gibt, wie sie geerntet und verarbeitet werden. Junges Mikrogrün lässt sich je nach Keimmethode auch mit Wurzeln ernten. Bei älterem Mikrogrün und Grünkraut werden die Blätter samt Stängel geerntet und gegessen. Gras wird ebenfalls ohne Wurzeln und Samenhülsen geerntet, ist jedoch nicht zum direkten Verzehr geeignet. Es wird idealerweise zu Saft verarbeitet oder in sehr geringen Mengen zu Smoothies hinzugefügt.
In den meisten Fällen werden diese zwischen dem 7. und dem 12. Tag geerntet, weshalb es auch als „Zwölftagekraut" bekannt ist.

Was beim Keimen geschieht

Der Same trägt alles in sich, was er braucht, um zu einer großen, kräftigen Pflanze heranzuwachsen. Mithilfe von Feuchtigkeit, Sauerstoff, Wärme und Licht beginnt der Same sich zu entfalten, seine Enzyme werden aktiviert und es kommt zu folgenden biochemischen Prozessen:

- Proteine werden in Aminosäuren zerlegt.
- Fette wandeln sich in essenzielle Fettsäuren.
- Komplexe Kohlenhydrate (vorwiegend Stärke) werden in Einfach- und Zweifachzucker zerlegt (daher schmecken Getreidekeimlinge süß).
- Natürlich vorkommende Säuren und Gifte, die dem Samen als Fraßschutz dienen, werden abgebaut.
- Der Wasseranteil des Samens steigt von 5 bis 12 Prozent auf über 70 Prozent an.
- Kurz gesagt: Die Keimsaat wird lebendig.

Enzyme

Enzyme wirken in unserem Organismus als spezifische Katalysatoren, sie beschleunigen ganz bestimmte biochemische Reaktionen und helfen so, den Körper zu entgiften, Krankheitsherde zu entfernen, vorzeitigem Altern vorzubeugen und akute und chronische Krankheiten positiv zu beeinflussen.
Alle Säugetiere brauchen Enzyme, um zu überleben. Keine anderen Lebensmittel sind derart enzymreich wie Sprossen. Das *Ann Wigmore Institute* in den USA fand heraus, dass Sprossen bis 100-mal mehr Enzyme enthalten als frisches Gemüse. Die Enzyme dienen während der Keimung dazu, den Stoffwechsel der Pflanze voranzutreiben. Im menschlichen Körper wirken sie genauso. Mit zunehmendem Alter ist der menschliche Organismus immer weniger in der Lage, Enzyme selbst zu bilden, weshalb der hohe Enzymgehalt in Sprossen vor allem für ältere Menschen ein Plus an Vitalität und Gesundheit bedeutet.
Allerdings sind Enzyme sehr wärmeempfindlich und werden bereits ab einer Temperatur von 42 °C zerstört. Sprossen, Obst und Gemüse sollten daher am besten roh genossen werden. Auch langes Aufbewahren und mechanische Verarbeitungsprozesse, wie z. B. Zermahlen oder Zentrifugieren, beeinträchtigen die Funktionsfähigkeit von Enzymen.

Vitamine

Vitamine sind organische Verbindungen, die wir in kleinen Mengen regelmäßig über die Nahrung aufnehmen müssen. Sie haben im Körper katalytische und steuernde Funktionen, sind etwa am Zellaufbau, am Aufbau von Blutkörperchen, Knochen und Zähnen und an der Stärkung des Immunsystems beteiligt. Sie reagieren unterschiedlich empfindlich auf äußere Einflüsse wie Hitze, UV-Strahlung, Sauerstoff, Säuren.
Viele Studien, die in *Annals of Internal Medicine* im Dezember 2013 veröffentlicht wurden, bestätigen, dass synthetische Multivitamin- und Mineralstoffpräparate, die täglich von Millionen Menschen geschluckt werden, keine Wirkung auf unsere Gesundheit haben und zu keinem besseren Ergebnis führen als Placebos. Aus einigen Studien geht sogar hervor, dass eine Überdosierung eher negative Folgen für die Gesundheit hat.
Nun aber zu den guten Nachrichten! Vitamine in Sprossen gehen eine Verbindung mit Enzymen ein, wodurch sie besser vom Körper aufgenommen und verwertet werden. Außerdem ist eine Überdosierung nicht möglich. Während der Keimung erhöht sich zudem der Vitamingehalt. In vielen Sprossen steigt der Vitamin-E-Gehalt bis auf das Sechsfache, der Vitamin-A- und Vitamin-K-Gehalt bis auf das Zehnfache und der Vitamin-B-Gehalt sogar bis auf das Zwanzigfache an.

Mineralstoffe und Spurenelemente

Mineralische Bestandteile in der Nahrung, die täglich in größeren Mengen (von mehr als 50 Milligramm) aufgenommen werden müssen, werden als Mineralstoffe (Mengenelemente), solche, die in geringeren Mengen (weniger als 50 Milligramm) lebenswichtig sind, als Spurenelemente bezeichnet. Sie aktivieren den Stoffwechsel und sind Bausteine für den menschlichen

Körper. Wie Vitamine werden auch Mineralstoffe im Zuge des Keimprozesses an Enzyme gebunden und können dadurch sehr gut vom menschlichen Körper aufgenommen werden. Sprossen zählen neben Algen zu den besten Lieferanten für Mineralstoffe und Spurenelemente. In *Das große Buch der Sprossen und Keime* (siehe Literaturempfehlungen, Seite 194) wird der Mineralstoffgehalt von Alfalfasprossen mit dem herkömmlicher Salate verglichen. Die unten stehende Tabelle zeigt ebenfalls, mit welch einem außergewöhnlich kraftvollen Lebensmittel wir es bei Sprossen zu tun haben.

Mehrfach ungesättigte Fettsäuren

Mehrfach ungesättigte Fettsäuren versorgen den Körper mit Energie. Sie sind zum Aufbau von Zellmembranen nötig und spielen bei der Senkung des Blutfett- und Cholesterinspiegels eine wichtige Rolle. Ein Mangel verlangsamt den aktiven Stoffwechsel und kann zu wiederkehrenden Infekten, Wachstumsstörungen als auch Haarausfall führen.

Dass in einem Nahrungsmittel sehr viele mehrfach ungesättigte Fettsäuren enthalten sind, sagt noch lange nichts über deren Bioverfügbarkeit aus. Fakt ist, dass nur 6 Prozent der Omega-3-Fettsäuren im Leinöl vom Körper aufgenommen werden können. Bei getrockneten Lein- und Chiasamen ist die Bioverfügbarkeit sogar noch geringer.
Somit ergibt sich die Frage: Wie können wir genügend ungesättigte Fettsäuren zu uns nehmen? Die Antwort lautet: durch Sprossen, besonders von Lein- und Chiasamen. Durch die Keimung ergibt sich auch hier eine optimale Bioverfügbarkeit und der Gehalt an diesen wertvollen Fettsäuren steigt enorm an. Auch „aktivierte" Walnüsse und vor allem Grassäfte sind reich an mehrfach ungesättigten Fettsäuren, die unserem Körper schnell zur Verfügung stehen.

Proteine

Proteine sind die Grundbausteine jeder einzelnen Zelle des menschlichen Körpers. Sie bestehen aus einer Kette von verschiedenen Aminosäuren, 8 davon werden essenzielle

Grünes und Sprossen: Chlorophyll-, Vitamin-C- und Proteingehalt im Vergleich

Lebensmittel	Chlorophyll*	Vitamin C*	Protein*
Kopfsalat	2 mg	13 mg	1,8 g
Spinat	70 – 100 mg	51 mg	1,2 g
Brokkolisprossen[1]	145 mg	80 mg	4,7 g

* Gehalt pro 100 Gramm frische Lebensmittel

[1] *www.ncbi.nlm.nih.gov/pmc/articles/PMC3551179* (Quelle: Chlorophyllgehalt der Brokkolisprossen); *www.researchgate.net/publication/320824652_Daily_intake_of_broccoli_sprouts_normalizes_bowel_habits_in_human_healthy_subjects* (Quelle: Vitamin-C- und Proteingehalt Brokkolisprossen)

Aminosäuren genannt, sie müssen über die Nahrung zugeführt werden, da unser Körper sie nicht synthetisieren kann.
Fleisch, Fisch, Eier, Milchprodukte und Sojabohnen enthalten alle 8 essenziellen Aminosäuren und sind daher die perfekten Proteinquellen in der Ernährung – allerdings nur theoretisch. Praktisch sieht das ganz anders aus: Die Aminosäuren können nicht vollständig aufgenommen werden und durch die Erhitzung dieser Nahrungsmittel werden bis zu 50 Prozent der essenziellen Aminosäuren zerstört. Bei vielen Sojaprodukten verhindern die sogenannten Anti-Nährstoffe die volle Assimilation.
Der Schlüssel liegt auch hier im Keimprozess, dabei werden zum einem die Anti-Nährstoffe abgebaut und zum anderen Proteine zu Polypeptiden, Dipeptiden und Aminosäuren umgewandelt. Doch selbst wenn es so ist, dass viele Sprossen alle 8 essenziellen Aminosäuren liefern, wissen wir heute, dass es nicht unbedingt notwendig ist, sie immer komplett in jeder Mahlzeit zu haben. Folgende Keimsaaten liefern reichlich Eiweiß: Adzukibohnen, Buchweizen, Kichererbsen, Mandeln, Mungobohnen, Sonnenblumenkerne, Süßlupinen.

Ballaststoffe

Ballaststoffe sind weitgehend unverdauliche Nahrungsbestandteile, sie wirken sich allerdings positiv auf unsere Verdauung und den gesamten Stoffwechsel aus, tragen zur Senkung des Cholesterinspiegels und zur Stabilisierung des Blutzuckerspiegels bei und sorgen für ein längeres Sättigungsgefühl. Sprossen beinhalten im Durchschnitt deutlich mehr Ballaststoffe als Obst und Gemüse.

Chlorophyll

Besonders Sprossengrün und Gräser sind sehr reich an Chlorophyll und werden laut Dr. Maximilian Bircher-Brenner „zum ordnenden Lebensmittel voller Sonnenenergie". Hier ein kurzer Einblick in das, was Chlorophyll für uns zu leisten vermag: Es wirkt

- entzündungshemmend, antibakteriell, entkrampfend und schmerzlindernd;
- desodorierend und bekämpft Mundgeruch und unangenehme Körpergerüche;
- sich positiv auf die Darmflora aus;
- antiseptisch, desinfizierend, wundheilend;
- basenbildend und unterstützt das Säure-Basen-Gleichgewicht unseres Körpers;
- beim Aufbau des Blutfarbstoffs Hämoglobin und der roten Blutkörperchen mit und schafft die Voraussetzung für gesundes Blut und eine gesunde Lymphe;
- blutreinigend und hilft bei der Ausleitung von Toxinen und Ablagerungen;
- in verdünnter Form senkt es den Blutdruck, in konzentrierter Form erhöht es ihn.

Biophotonen

Alle Lebens-Mittel – und ganz besonders Sprossen und Mikrogrün – enthalten eine große Menge Biophotonen (*bio* für „Leben", *photos* für „Licht"): ein sehr schwaches Licht, das alle Zellen von Pflanze, Tier und Mensch aussenden und das bereits in den 1970er-Jahren von Prof. Dr. Fritz Albert Popp (1938–2018) nachgewiesen wurde. Aus dieser Lichtinformation erhalten auch wir Menschen auf zellulärer Ebene Energie und ordnende Signale.

So gelingt die Sprossenzucht

Keimen ist wie Kuchenbacken. Wir brauchen die richtigen Zutaten in der richtigen Menge und die richtige Technik. Im Folgenden findest du die wichtigsten Regeln für eine erfolgreiche Sprossenzucht.

Saatgut

Die wohl wichtigste Voraussetzung für die erfolgreiche Sprossenzucht sind die „kerngesunden" Keimsaaten selbst. Diese sollten

- biologisch erzeugt und unbehandelt sein;
- nach Möglichkeit speziell für die Sprossenzucht bestimmt sein (und damit eine hohe Keimfähigkeit aufweisen);
- absolut trocken und weder zu warm noch in direktem Sonnenlicht gelagert worden sein.

Berücksichtige beim Kauf außerdem das Haltbarkeitsdatum. Bei Nüssen solltest du unbedingt auf „Rohkostqualität" achten.
Saatgut, das beschädigt ist, keimt nicht mehr, stattdessen fängt es an zu gären. Daher sollte es aussortiert werden. Das Gleiche gilt für Samen, die verdächtige weiße oder schwarze Flecken haben. Kaufe immer Saatgut, das luft- und lichtgeschützt verpackt ist.

Lagerung

Die Aufbewahrung des Saatguts ist ausschlaggebend für eine hohe Keimfähigkeit. Bei trockener, kühler (12 bis 15 °C) und dunkler Lagerung bleibt Saatgut 1 bis sogar 5 Jahre keimfähig. Je niedriger die Temperatur und Luftfeuchtigkeit, umso besser. Samen können auch tiefgefroren werden. Es empfiehlt sich, ausschließlich Glasbehälter zu verwenden. Behälter aus Miron-Violettglas bieten einen optimalen Lichtschutz, die Lagerfähigkeit des Saatgutes kann dadurch deutlich verlängert werden.

Wasser

Wasser ist nicht nur für uns Menschen, sondern auch für Pflanzensprossen Lebens-Mittel Nummer eins. Wir sollten nur reinstes und vitales Trinkwasser für die Sprossenzucht verwenden. Hier wird es schwierig, denn Leitungswasser kann Rückstände von Chemikalien, Pestiziden, Schwermetallen, Bakterien und sogar Medikamenten enthalten und Mineralwasser in Flaschen ist auf Dauer viel zu teuer, um es für die Sprossenzucht zu verwenden.
Die einfachste, auf Dauer günstigste und zudem ökologischste Lösung ist, das Leitungswasser mit einem Wasseraufbereitungssystem zu filtern, um alle unerwünschten Schadstoffe zu entfernen, und dann zu revitalisieren. Durch diesen Prozess entsteht reines und lebendiges Wasser, das jede Zelle (von Sprosse und Mensch) gut aufnehmen kann.
Eines sei gesagt: Wasserfiltersysteme lohnen sich langfristig, doch ihre Anschaffung mag nicht für jeden erschwinglich sein. Es ist aber noch immer besser, Sprossen mit normalem Leitungswasser keimen zu lassen, als ganz auf deinen Sprossengarten zu verzichten.

Für die Sprossenzucht verwende ausschließlich kühles (weder zu warmes noch zu kaltes) Wasser. Es ist wichtig, Sprossen während der gesamten Keimdauer feucht zu halten und sie täglich 2-mal (manche Sorten auch 3-mal) zu spülen. Überschüssiges Wasser immer abtropfen lassen: Die Samen sollen nicht im Wasser schwimmen.

Luft

Sprossen brauchen frische Luft, weshalb sie weder bei der Keimung noch bei der Lagerung in luftdicht verschlossene Gefäße oder Plastikbeutel gehören.
Eine ausreichende Luftzufuhr ist zudem notwendig, um überschüssige Flüssigkeit und Wärme im Keimgerät loszuwerden. Bekommen die Sprossen zu wenig Luft, können sie verderben. Keimgeräte tragen dieser Tatsache mit ihrer Bauweise Rechnung. Sie sollten stets nur mit der empfohlenen Saatmenge gefüllt werden, damit sichergestellt ist, dass jede Sprosse ausreichend mit Luft versorgt wird.

Temperatur

Sprossen entwickeln sich am besten bei einer Temperatur von 18 bis 21 °C. Bei höheren Temperaturen gedeihen Pilze und Bakterien, während die Sprossen austrocknen. Bei niedrigeren Temperaturen nehmen Sprossen weniger Wasser auf und wachsen langsamer.

Licht

Je nach Saatgut unterscheiden wir zwischen Dunkel- und Lichtkeimern. Handelt es sich um Dunkelkeimer, braucht die Sprosse Dunkelheit (also überhaupt kein Licht) für ihre Entwicklung. Erst wenn die Keimblätter zu sehen sind, ist Tageslicht notwendig, damit sich wertvolle Vitalstoffe und Chlorophyll bilden. (Siehe Tabelle Seite 178 ff.)

Die Keimfähigkeit testen
Die Keimfähigkeit sollte bei mindestens 80 bis 90 Prozent liegen. Mit dem folgenden einfachen Test kannst du schnell feststellen, ob dein Saatgut noch brauchbar ist: Weiche 10 Samen nach empfohlener Zeit ein und lasse sie keimen. Am nächsten Tag zählst du die Samen ab, die tatsächlich zu keimen beginnen. Sind es z. B. 8 von 10, so liegt die Keimfähigkeit bei 80 Prozent und die Saat ist für deinen Sprossengarten geeignet. Sind es weniger, ist das Saatgut nicht mehr geeignet.

Platz und Keimzeit

Sprossen können bis zu 15-mal mehr Volumen haben als Samen. Berücksichtige dies, wenn du dein Keimgerät mit Samen füllst, damit die Sprossen genug Platz und Luft haben. Um wie viel das Volumen der jeweiligen Sprosse zunimmt, kannst du der „Sprossenguide-Tabelle" (Seite 178 ff.) entnehmen.
Die Keimzeit variiert ebenfalls je nach Art der

Keimsaat und reicht von wenigen Stunden bis hin zu 2 Wochen. Sprossen selbst sind nach ca. 3 bis 5 Tagen erntereif. Je nach Art entwickeln sie sich danach weiter zu Mikrogrün, Grünkraut und Gräsern, die in der Regel ab dem 7. bis zum 12. Tag oder auch später geerntet werden. Genaue Informationen zur Keimzeit findest du im jeweiligen Sprossenporträt und auch in der „Sprossenguide-Tabelle" (Seite 178 ff.).

Dünger

Sprossen brauchen eigentlich keinen Dünger. Sie können jedoch zusätzliche Nährstoffe aufnehmen, falls du sie mit etwas Extra-Ernährung „aufpeppen" möchtest. Werden Mikrogrün, Grünkraut und Gräser ohne Erde und mehr als 10 Tage gezogen, sollte auf alle Fälle gedüngt werden.
Generell kommen ausschließlich biologische Düngemittel infrage. Es gibt z. B. spezielle Algen- oder Multimineraldünger (auch in flüssiger Form), die dem Einweich-, Spül- oder Sprühwasser in kleiner Menge beigemischt werden.

Hygiene

Hygiene ist das A und O der Sprossenzucht! Bakterien, Schimmelpilze und andere Keime lieben das für Sprossen optimale warme und feuchte Klima leider ebenfalls. Und Verschmutzungen durch anderes Essen und Küchenutensilien können auch zur Gefahr werden. Achte also auf Sauberkeit in deinem Sprossengarten!

Hygiene-Tipps

- Reinige deine Hände gründlich mit Seife, wann immer du mit Samen und Sprossen hantierst (auch beim Zubereiten von Speisen).
- Halte den Arbeitsbereich, den Kühlschrank und die Aufbewahrungsbehälter sauber. Wechsle die Putzlappen häufig.
- Sollten tierische Nahrungsmittel wie rohes Fleisch, Eier etc. verwendet werden, so müssen diese getrennt von Sprossen aufbewahrt und verarbeitet werden.
- Verwende sauberes Trinkwasser. Ideal ist gefiltertes und revitalisiertes Wasser.
- Grundsätzlich gilt es, Sprossen regelmäßig zu spülen und richtig zu lagern.
- Auch Keimgeräte müssen vor und nach dem Gebrauch gründlich gesäubert werden (siehe Tabelle „Keimgeräte reinigen & desinfizieren", Seite 28).

Equipment und Keimmethoden

Es gibt verschiedene Methoden für die Sprossenzucht. Das Keimgerät ist wie ein Fahrzeug, das dich zum Reiseziel bringt. Vom einfachen Sprossenglas bis hin zum Keimautomaten – die Auswahl ist groß und die Erfahrung immer eine andere. Im Folgenden stelle ich dir das beste Keimequipment vor, und du kannst je nach Vorliebe, Samenart und Budget selbst entscheiden, welches zu dir passt. Sprossenziehen soll Spaß machen, denn der Weg ist das Ziel, und als Souvenir gibt's dann knackig frische und gesunde Sprossen.
Grundsätzlich gibt es die Möglichkeit, Sprossen nur mit Wasser (Hydrokultur) zu ziehen oder sie in Erde wachsen zu lassen, was vor allem bei Grünkraut und Gräsern sinnvoll ist. Der Großteil der Keimgeräte, die ich dir vorstelle, ist nicht für den Einsatz von Erde gedacht.

Auf Vlies, Watte oder Küchenpapier

Diese Methode eignet sich besonders für schleimbildende Samen (Kresse, Leinsamen, Chia, Senf), sehr kleine Samen sowie Grünkraut und Gräser.

Methode

Du weichst die Samen ein, lässt sie in einem Sieb abtropfen und breitest sie anschließend gleichmäßig auf der feuchten Unterlage (Watte, Keimvlies oder einer dicken Lage Küchenpapier ohne Aufdruck) aus. Schleimbildende Samen werden in der Regel nicht eingeweicht, sondern direkt auf die Unterlage gestreut. Die Samen müssen immer feucht gehalten werden, ohne dass sie im Wasser schwimmen. Am besten geht es mit einer Sprühflasche. Gib auch etwas Wasser in das Keimgefäß, damit der Untergrund feucht bleibt und die Wurzeln genug Feuchtigkeit bekommen. Vlies, Watte oder Küchenpapier am besten in Keimschalen oder Behältern auslegen, deren Boden Löcher hat, damit überschüssiges Wasser abfließen kann.

Vorteile

- Keimvlies und Watte können sehr viel Flüssigkeit aufnehmen.
- Wurzeln verankern sich gut und Sprossen können aufrecht wachsen. Das Material ist sehr günstig in der Anschaffung und bequem in der Handhabung.

Nachteile

- Die Keimsaat kann leicht austrocknen, vor allem auf Küchenpapier oder in offenen, flachen Behältern.
- Die Sprosse wird bei der Ernte oberhalb der Wurzel abgeschnitten und kann daher nicht in ihrer Gesamtheit verzehrt werden.

Das Sprossenglas

Das Sprossenglas eignet sich für jedes Saatgut, außer für schleimbildende Samen. Die Systeme unterscheiden sich in Bezug auf Material, Größe und Preis. Glas ist das hochwertigste Material. Eine Alternative ist der *EasySprout* aus Kunststoff. Sein geringeres

Gewicht macht ihn besonders für den Einsatz auf Reisen geeignet.
Ein Sprossenglas kannst du ganz einfach selbst herstellen. Dazu befestigst du ein atmungsaktives, hauchdünnes Tuch (aus Leinen, Hanf, Bambusfasern oder Verbandsmull) mit einem Gummiband auf einem Vorratsglas.

Methode

Das Sprossenglas wird nach dem Spülen der Sprossen immer in Schräglage (45 Grad) gebracht, damit überschüssiges Wasser ablaufen und die Luft gut zirkulieren kann.

Vorteile

- Leicht zu säubern.
- Samen können in ein und demselben Behälter eingeweicht und gekeimt werden, außerdem kann er auch zum Lagern der Sprossen dienen.

Nachteil

- Damit Sprossen genug Luft und Platz haben, kann nur eine kleine Menge Saatgut verwendet werden.

Das Kressesieb

Anstatt des Blumentopfes ist das Kressesieb ab jetzt das dekorative Highlight auf der Fensterbank. Es ist nicht nur für Kresse, sondern für alle anderen schleimbildenden Samen (Leinsamen, Chia, Rucola etc.) gedacht.

Methode

Das Saatgut kurz vorquellen lassen und dann auf dem fein gelochten Gitteraufsatz (aus Edelstahl) ausbreiten. Die Wurzeln wachsen durch das Gitter nach unten und die Stängel und Keimblättchen nach oben.

Vorteile

- Vielleicht die effektivste Methode, um die sonst schwierig zu keimenden schleimbildenden Samen anzubauen.
- Sprossen und Mikrogrün können ohne Erde gezüchtet werden.
- Die Sprosse lässt sich samt Wurzel ernten – sie wird einfach aus dem Gitter herausgezogen.
- Hübsche Dekoration.

Nachteil

- Eine Schlaufe/Vorrichtung am Edelstahlsieb würde den Spülvorgang erleichtern.

Der Kresse-Igel

Der Kresse-Igel eignet sich für Kressesamen und andere schleimbildende Samen.

Methode

Die Samen vorquellen lassen und einfach auf dem Boden des aus Ton bestehenden Kresse-Igels verteilen. Es ist keine Watte nötig. Das Saatgut vor allem in den ersten Tagen am besten mit einer Sprühflasche feucht halten.

Vorteile

- Die Handhabung ist sehr einfach.
- Nette Dekorationsidee.

Nachteil

- Die Samen können in den ersten Tagen leicht austrocknen.

1. Reihe von links nach rechts: Etagenkeimgerät aus Kunststoff, Etagenkeimgerät aus Ton, Keimsack **2. Reihe von links nach rechts:** Sprossengläser, Sprossenglas aus Glas (3,1 Liter und 1,7 Liter), Kresse-Igel, Kressesieb, Watte

Das Weizengrassieb

Die Löcher des Weizengrassiebs sind etwas größer als beim Kressesieb, sodass die Wurzeln der Getreidesprossen problemlos durch das Gitter wachsen können.

Methode

Das Getreide in einem Sprossenglas 2 bis 3 Tage vorkeimen lassen (bis sich kleine Wurzeln bilden) und anschließend auf dem Weizengrassieb verteilen und 2-mal täglich durchspülen. Dazu die Schale einfach mit Wasser volllaufen lassen und eine Weile stehen lassen, bevor du es wieder abgießt. Nach 12 bis 14 Tagen ist das Gras 12 bis 15 Zentimeter hoch und kann mit einer Schere geerntet werden.

Vorteile

- Die Gräser bekommen ausreichend Licht, um viel Chlorophyll zu bilden.
- Eine hübsche Dekoration für jeden Haushalt.
- Saubere und leichte Ernte.

Nachteil

- Die Reinigung erfordert einen zusätzlichen Arbeitsgang, bei dem die Samenreste und Wurzeln aus dem Edelstahlsieb entfernt werden.

Das Etagenkeimgerät

Diese Keimgeräte eignen sich zum Keimen von Mikrogrün, Hülsenfrüchten und Getreide. Sie sind entweder aus Ton – diese können auch für schleimbildende Samen verwendet werden und sind ideal für Dunkelkeimer – oder aus Plexiglas (durchsichtig oder getönt). Mehrere Keimschalen liegen hier übereinander (mit Rillen und kleinen Abflusslöchern für eine effektive, gleichmäßige Bewässerung), mit Wasserauffangschale und Deckel.

Methode

Eingeweichte Samen in die Keimschalen einfüllen. Zur Bewässerung so viel Wasser in die oberste Schale gießen, bis diese fast voll ist. Das Wasser tropft Schale um Schale nach unten und sammelt sich in der Wasserauffangschale. Dann wegschütten oder zum Blumengießen verwenden.

Vorteile

- Die Handhabung ist auch für Anfänger einfach.
- Die Methode braucht wenig Platz.
- Keimgeräte aus Ton bieten Wachstumsverhältnisse wie im Gartenboden (feucht, dunkel).
- Gebrannter Ton speichert Wasser und gibt es an das Keimgut ab, was das Austrocknen verhindert.

Nachteile

- Die Luftzirkulation ist relativ gering.
- Bei Geräten aus Plexiglas kann ein Wärmestau entstehen.
- Kleine Samen können die Abflusslöcher verstopfen und sind auch bei der Reinigung schwer zu entfernen.

Die Keimschale

Die Keimschale ist meist aus Kunststoff oder Keramik, hat einen Deckel und kleine Löcher im Boden. Es gibt sie in verschiedenen Formen (meist rechteckig) und Größen.

Methode

Die Keimschale ohne Einlage eignet sich für größeres Saatgut wie z. B. Getreide, Hülsenfrüchte oder Sonnenblumenkerne. In der Keimschale können sowohl Sprossen als auch Grünkraut, Gräser und Mikrogrün gezogen werden. Dazu die Samen nach dem Einweichen gut spülen und in der Keimschale verteilen. Mit dem Deckel verschließen, sodass die Sprossen nicht austrocknen. Mindestens 2-mal täglich wässern und darauf achten, dass kein Wasser in der Keimschale zurückbleibt.

Die Keimschale mit Watte/Vlies eignet sich für kleinere Samen, schleimbildende Samen und Saatgut, das ohne Erde zu Mikrogrün, Grünkraut oder Gras gezogen werden soll. Dazu Watte bzw. Vlies passend zuschneiden und in die Keimschale legen. Nun die eingeweichten Samen bzw. die trockenen schleimbildenden Samen auf der Unterlage verteilen und mit der Sprühflasche befeuchten. Die Keimschale mit dem Deckel schließen. Mindestens 2-mal täglich mit einer Sprühflasche besprühen oder wässern und das Wasser anschließend wieder vollständig abgießen.

Die Keimschale mit Erde eignet sich für die Sprossenzucht mit schleimbildendenden Samen und für den Anbau von Mikrogrün, Grünkraut und Gräsern. Dazu die Keimschale mit Erde füllen. Die eingeweichten Samen gleichmäßig in einer dünnen Schicht in der Schale verteilen und mit einer nicht zu dünnen Erdschicht bedecken. Die Keimschale nun in eine Auffangschale stellen und die Erde mit Wasser besprühen. Die Erde soll feucht, aber nicht nass sein. Eventuell einen durchsichtigen Deckel auf die Keimschale setzen, so entsteht ein Treibhauseffekt.

Vorteile

- Die Methode ist sehr einfach und vielseitig.
- Die Keimschale ist ideal zum Lagern und Transportieren von Sprossen und
- lässt sich leicht reinigen.

Nachteil

- Kleinere Samen können ohne zusätzliche Einlage in die Abflusslöcher geraten.

Der Sprossensack

Der Sprossensack ist meist aus Hanf- oder Bambusfasern gefertigt und eignet sich vor allem für Hülsenfrüchte, Getreide und sehr kleines Saatgut, wie z. B. Quinoa und Amaranth, sowie für Dunkelkeimer wie die Mungobohne.

Methode

Samen nach dem Einweichen in den Sprossensack füllen und 2-mal täglich in eine große Schüssel Wasser ca. 1 Minute eintauchen oder unter fließendem Wasser spülen. Sprossen dabei vorsichtig durchmassieren, bis das Spülwasser ganz klar, farblos und ohne Schleim ist. Den Sprossensack danach über einer Schüssel zum Abtropfen aufhängen.

Vorteile

- Bietet eine einfache Handhabung, ist ein Leichtgewicht und zum Mitnehmen auf Reisen gut geeignet.
- Der Keim- und Spülvorgang kleiner Saaten wird erleichtert.
- Sprossen bleiben feucht, ohne dass sich Staunässe bildet.
- Eignet sich sowohl zur Keimung als auch zur Aufbewahrung von Sprossen.

Keimgeräte reinigen & desinfizieren

Material	Glas Keramik Metall	Kunststoff	Bambus-, Leinen-, Hanffasern	Ton
Equipment	Sprossenglas Kressesieb Weizengrassieb	Sprossenglas Keimschale Etagen- keimgerät *EasyGreen*	Sprossensack Abdeckung fürs Sprossenglas	Kresse-Igel Etagenkeim- gerät
Reinigen	mit Spülmittel, Schwamm, Spülbürste und warmem Wasser		mit der Hand unter warmem Wasser **Achtung:** Kein Spülmittel verwenden!	mit Spülbürste und heißem Wasser **Achtung:** Kein Spülmittel verwenden!
Reinigen in der Spülmaschine	ja	in Gebrauchs-anleitung prü-fen	nein	nein
Desinfizieren	Desinfektionsmittel 20 Minuten einwirken lassen. Danach kräftig spülen.		**Option 1:** Desinfektions-mittel 20 Minu-ten einwirken lassen. Danach kräftig spülen. **Option 2:** in Salzwasser (1 Liter Wasser, 1 Esslöffel Salz) 20 Minuten ab-kochen, danach kräftig spülen	im Backofen für 45 Minuten bei 200 °C
Zur schnellen Desinfektion vor Benutzung mit kochendem Wasser über-gießen	ja		ja	ja

Als Desinfektionsmittel eignen sich Essig, 70-prozentiges Ethanol oder Effektive Makroorganismen, im Verhältnis von 1 zu 20 mit Wasser verdünnt, oder 3-prozentiges Wasserstoffperoxid, im Verhältnis von 1 zu 33 mit Wasser vermischt. Bei starker Verschmutzung unverdünnt verwenden (und nur 5 Minuten einwirken lassen).

- Du kannst auch pflanzliche Nuss- und Sprossenmilch damit machen (siehe Rezept Seite 84).

Nachteil

- Wenn die Pflänzchen nicht oft genug gespült werden, können Sprossenwurzeln in den Sprossensack hineinwachsen, was die Ernte und die Reinigung des Sackes komplizierter macht.

Vollautomatisches Sprossenzuchtgerät

Das *EasyGreen*-Keimgerät ist ein einzigartiges und vollautomatisches Keimsystem und sozusagen der Rolls-Royce des Sprossenequipments. Es eignet sich für alle Sprossenarten (sogar für schleimbildendes Saatgut) und besonders für Mikrogrün, Grünkraut und Gräser.

Methode

Das Saatgut in die Keimbehälter geben und den Tank des Gerätes mit Wasser füllen. Danach das Gerät ans Stromnetz anschließen und den Timer für die automatische Bewässerung und Belüftung einstellen. Im Laufe der Keimzeit den Wassertank nach Bedarf mit frischem Wasser befüllen.

Vorteile

- Bietet eine kinderleichte Handhabung mit extrem geringem Aufwand.
- Automatische Bewässerung und Belüftung ermöglichen eine optimale Sprossenzucht.
- Einweichen der Keimsaat ist nicht unbedingt notwendig.
- Schimmel und Fäulnis haben fast keine Chance.

Nachteile

- Es entstehen höhere Anschaffungskosten im Vergleich zu anderen Keimautomaten.
- Die Reinigung der ganzen Maschine kann etwas aufwendiger sein.

In der Erde

Schleimbildende Samen und vor allem Grünkraut und Gräser können in Erde gekeimt werden. Dafür normale Blumenerde, Kräutererde, Torf, Kokostorf, Humus- oder Terra-Preta-Erde in übliche Ton- oder Kunststofftöpfe (mit Auffangschale) oder in Keimschalen geben. Auch der Garten oder noch besser ein Hochbeet eignen sich.

Vorteile

- Der Nährstoffgehalt ist im Vergleich besonders hoch und der Geschmack ist oft besser.
- Der Anbau ist unproblematisch.

Nachteile

- Der Reinigungsaufwand ist etwas größer (ausgenommen im Garten).
- Der Anbau in Erde zieht Mücken stärker an.

Linke Spalte von oben nach unten: Sprossenbehälter *EasySprout*, Weizengrassieb, in Erde, Keimschale **Rechte Seite/Spalte:** *EasyGreen* Keimgerät

Die Praxis – Vom Einweichen bis zur Ernte

Bei allen Keimmethoden ist der Ablauf mehr oder weniger ähnlich. Doch gerade wenn du Anfänger im Sprossenziehen bist, kann sich das alles komplizierter anhören, als es in der Praxis ist. *Mein Tipp:* Halte dich zu Beginn einfach an die Anweisungen und schon nach kurzer Zeit geht die Sprossenzucht intuitiv und wie von allein. Du gehst einfach folgendermaßen vor:

Die Samen waschen und einweichen

Zuallererst spülst du das Saatgut, um Verunreinigungen zu entfernen. Danach weichst du die Samen in der 3- bis 5-fachen Menge Wasser ein. Es ist hilfreich, dem Einweichwasser 1 Prise Salz, 1 Teelöffel Zitronensaft oder Apfelessig hinzuzufügen, denn dadurch wird der Keimprozess beschleunigt. Die Einweichzeit beträgt meist mehrere Stunden, variiert allerdings je nach Samensorte. Im Winter empfiehlt sich längeres Einweichen (je nach Sorte bis zu 24 Stunden, das Wasser dabei nach 12 Stunden wechseln).
Bei einigen Sorten, wie z. B. Quinoa, wird das Einweichwasser aufgrund des Saponingehalts schaumig. Hier empfiehlt sich mehrfaches Wässern und Spülen. (Genaue Infos zu den jeweiligen Einweichzeiten gibt es in der „Sprossenguide-Tabelle" (Seite 178 ff.).

Spülen

Nach der Einweichzeit gießt du das Einweichwasser ab und spülst die Samen gut durch, bevor du sie abseihst und im Keimgerät verteilst. Von nun an spülst du die wachsenden Sprossen bis zur Ernte mindestens 2-mal täglich (Spülgänge variieren je nach Sprossensorte) durch, um sie mit ausreichend Feuchtigkeit zu versorgen. Im Sommer brauchen Sprossen mehr Wasser als im Winter. Stelle sicher, dass es immer gut abfließen kann und niemals im Keimbehälter steht.
Wichtig: Behandle die kleinen Pflänzchen mit großer Vorsicht, denn sie sollen auf keinen Fall zerquetscht oder zerbrochen werden. An „busy days" kannst du die Sprossen (im Keimgerät) in den Kühlschrank stellen. Die niedrige Temperatur verlangsamt das Wachstum, und dann reicht es, wenn du die Sprossen nur 1-mal am Tag spülst. Die Voraussetzung dafür ist, dass die Sprossen bereits mindestens 3 Tage alt sind und die Kühlschranktemperatur nicht zu niedrig eingestellt ist.

Ernten

Die Sprosse selbst wird vor der ersten Blattbildung gegessen, also nach etwa 3 bis 4 Tagen. Mikrogrün, Gräser oder Grünkraut werden erst nach 7 bis 12 Tagen oder später geerntet. Einige Sorten, wie Rucola, Zwiebel oder Basilikum, brauchen deutlich länger, bis sie erntereif sind.

Normalerweise werden die Sprossen mit den Wurzeln geerntet. Junges Mikrogrün, wie z. B. Brokkoli oder Alfalfa, kann mit Wurzeln gegessen werden. Mit zunehmender Keimdauer werden die Wurzeln härter bzw. ungenießbar. Auch bei Grünkraut, das aus Hülsenfrüchten wächst, und Gräsern werden ausschließlich die oberirdischen Teile verwendet.

Sprossen waschen und desinfizieren

Nach der Ernte und unmittelbar vor dem Verzehr solltest du die Sprossen und Keimpflanzen gründlich reinigen. Spüle sie unter fließen dem Wasser ab oder gib sie für ca. 5 bis 15 Minuten in ein Wasserbad, das du mit Apfelessig oder Zitronensaft anreicherst (im Verhältnis 20 zu 1). Das wirkt desinfizierend und befreit Sprossen von möglichen Keimen. Samenhüllen sammeln sich an der Wasseroberfläche oder am Boden und können leicht entfernt werden. Die sauberen Sprossen trocknest du nun vorsichtig in einer Salatschleuder, wodurch du gleichzeitig die restlichen Hüllen entfernen kannst (empfehlenswert vor allem bei Rote-Bete-Sprossen). Als Alternative zur Salatschleuder kannst du die Pflänzchen zum Abtropfen auch in ein Sieb oder auf ein Küchentuch legen.
Auch das Keimgerät sollte unmittelbar nach der Ernte sorgfältig gewaschen und desinfiziert werden. Alle Infos dazu findest du in der Tabelle „Keimgeräte reinigen & desinfizieren" (Seite 28).

Sprossen aufbewahren und für den Verzehr vorbereiten

Sprossen werden idealerweise im Kühlschrank bei 5 °C aufbewahrt. Die meisten Menschen stellen die Kühlschranktemperatur allerdings auf 7 bis 8 °C ein. Sollte das bei dir auch der Fall sein, dann bedenke einfach, dass die Sprossen sich bei höheren Temperaturen nicht so lang halten.
Zur Lagerung die gewaschenen und getrockneten Sprossen in einen Behälter (am besten aus Glas oder Keramik) oder atmungsaktiven Frischhaltebeutel (siehe Anhang, Seite 192) geben und ein Blatt Küchenpapier dazulegen, damit es die überflüssige Feuchtigkeit aufnimmt. Den Deckel auf den Behälter setzen, ohne ihn luftdicht zu verschließen, denn die Sprossen brauchen Luft. Verwendest du einen nicht atmungsaktiven Frischhaltebeutel, mache ein paar kleine Löcher hinein.
Manche Menschen ziehen es vor, ihre Sprossen in einem luftdicht verschlossenen Behälter aufzubewahren. Das würde ich allerdings nur bei kurzen Lagerzeiten (1 bis 2 Tage) empfehlen oder wenn du täglich Sprossen aus dem Behälter nimmst und ihn so regelmäßig belüftest.
Eine weitere sehr interessante und bequeme Methode, um Sprossen aufzubewahren, ist die folgende: Die noch keimenden Sprossen direkt im Keimgerät in den Kühlschrank stellen (bei einer Temperatur nicht unter 5 °C) und 1-mal täglich wässern. Für Mikrogrün, Grünkraut und Gräser ist diese Methode allerdings nicht geeignet, da sie Tageslicht benötigen. Selbst wenn Sprossen mehrere Tage, ja sogar Wochen im Kühlschrank aufbewahrt werden können, sind sie kein Lagergemüse. Die Aufbe-

wahrung verändert Geruch sowie Geschmack und lässt ihre Lebendigkeit leiden. Sprossen schmecken am besten und liefern die meisten Vitalstoffe, wenn sie ganz frisch, also direkt nach der Ernte verzehrt werden.
Bevor du die Sprossen verwendest, stelle sicher, dass Geruch, Farbe und knackige Konsistenz stimmen. Riechen die Sprossen schlecht, sind sie matschig, faul oder schimmelig, gehören sie in den Mülleimer. Sind die Sprossen in Ordnung, gib sie vor dem Verzehr nochmals in ein 5-minütiges Wasserbad, das mit Apfelessig oder Zitronensaft angereichert ist.
Alle Sprossen, die in diesem Buch beschrieben werden, können in ihrer Gesamtheit, d. h. inklusive Wurzeln und Blättern, gegessen werden. Grünkraut, Gräser und älteres Mikrogrün werden ohne Wurzeln gegessen.
Die weichen Sprossenhüllen von Hülsenfrüchten, die meisten Samen und geschälten Sonnenblumenkerne sind zum Verzehr geeignet. Sie liefern Ballaststoffe, doch nicht jeder findet sie ästhetisch ansprechend. Ich persönlich entferne den Großteil beim Waschen der Sprossen. Wenn Sonnenblumenkerne und Buchweizen ungeschält sind und Getreide ungebeizt ist, eignen sich die Schalen auf keinen Fall zum Verzehr.

Tipp:
Mikrogrün, Grünkraut und Gräser vor der Ernte nochmals zum „Grünen" einige Stunden ins schwache Sonnenlicht (morgens oder abends) stellen. Dadurch wird noch mehr Chlorophyll gebildet.

Zeitplan fürs Sprossenziehen

Damit du immer frische Sprossen zur Hand hast, ist ein wenig Planung nötig, doch schon bald findest du deinen persönlichen Rhythmus. Am besten ist es, im Abstand von 1 bis 2 Tagen erneut Samen einzuweichen und zu keimen, um Nachschublücken zu vermeiden. Planst du ein Sprossengericht für einen besonderen Anlass, trage dir rechtzeitig im Kalender ein, wann du die Sprossen dafür vorbereitest. Besonders hilfreich für die Planung ist die „Sprossenguide-Tabelle" (Seite 178 ff.).
Bist du Neuling auf dem Gebiet des Sprossenziehens, so beginne am besten mit Sorten wie Alfalfa oder Rotklee, die leicht zu keimen sind und (auch Kindern) sehr gut schmecken. Nach und nach kannst du geschmacksintensivere Sprossen wie Radieschen, Rettich oder Senf in deinen Sprossengarten integrieren. Auf Englisch heißt es so schön: *Variety is the spice of life* (In der Vielfalt liegt die Würze des Lebens) – probiere also immer wieder neue Sprossensorten aus, denn so profitierst du Tag für Tag von dem unbeschreiblichen Reichtum der Sprossen.

Die Porträts von A bis Z

Die Sprossenporträts im Überblick

In diesem Kapitel findest du 30 ausgewählte Sprossenporträts. Auf einen Blick erfährst du alles Wichtige über die Sprosse, ihre Inhaltsstoffe und gesundheitlichen Wirkungen, ihren Geschmack und ihre Verwendung in der Küche. Für den leichten Einstieg in die Praxis gibt es alle Keiminfos, Tipps und einen Hinweis, in welchen Rezepten des Buches die Sprosse verwendet wird.

1. Mikrogrün

2. Schleimbildende Samen

3. Grünkraut

4. Gräser

5. Hülsenfrüchte

6. Essbare Samen

7. Pseudogetreide

8. Vollwertgetreide/Vollkorngetreide

Adzukibohne

Die Zauberbohne

Die Adzuki- bzw. Azukibohne gehört innerhalb der Familie der Hülsenfrüchtler zur Unterfamilie der Schmetterlingsblütler und ist vor allem im asiatischen Raum verbreitet. Sie zählt zu den proteinreichsten pflanzlichen Nahrungsmitteln und sorgt für asiatisches Flair auf dem Teller.

Inhaltsstoffe

Adzukibohnensprossen haben einen Eiweißgehalt von 20 bis 25 Prozent und besitzen mit Ausnahme von Tryptophan alle essenziellen Aminosäuren (vor allem Lysin). Sie sind sehr reich an Eisen, Kalium, Kalzium und den Vitaminen A, B, C und E sowie an wertvollen Ballaststoffen.

Positive Wirkungen auf die Gesundheit

- bindegewebsstärkend
- darmreinigend und krebsvorbeugend
- hilfreich bei Nierenkrankheiten

Geschmack & Verwendung

Durch ihren leicht nussigen Geschmack und ihre zart-feste Konsistenz eignen sich die Adzukibohnensprossen besonders für gekochte Speisen wie herzhafte Getreide- und Reisgerichte, Suppen und Eintöpfe. Sie können auch roh in Salaten, Wraps oder als Beilage genossen werden.

KEIMINFO

Einweichzeit: 8–12 Stunden

Keimmethode: Sprossensack, Sprossenglas, Keimschale, Etagenkeimgerät, *EasyGreen*

Wässern/Spülen: 2–3 x täglich

Ernte: als Sprosse nach 3–5 Tagen

Wichtiger Hinweis

Wie bei Bohnen üblich, enthalten Adzukibohnen das pflanzliche Gift Phasin, das sich im Keimvorgang abbaut. Es empfiehlt sich, die Sprossen beim Keimen immer kräftig zu spülen. Vor dem Verzehr ggf. kurz erhitzen und auf keinen Fall vor dem 4. Tag roh essen!

Rezept

Chili con Sprosse (Seite 154)

Alfalfa

Die Königin der Ernährung

Alfalfa (Luzerne) ist ein Schmetterlingsblütler innerhalb der Familie der Hülsenfrüchtler und stammt ursprünglich aus Asien. Der Name *Alfalfa* heißt übersetzt „gutes Futter". Gekeimt ist es ein Vitalstoffwunder, dessen Nährwert und Heilkraft durch zahlreiche Studien bestätigt wird. Alfalfasprossen eignen sich bestens als erste grüne Nahrung für Kleinkinder.

Inhaltsstoffe

Nur Getreidegrün liefert mehr Eiweiß und Chlorophyll! Alfalfasprossen enthalten alle 8 essenziellen Aminosäuren, reichlich Mineralstoffe (nur 50 Gramm der Sprossen decken den Tagesbedarf an Kalzium) und Vitamine. 1 Tasse Alfalfasprossen hat so viel Vitamin C wie 6 Tassen Orangensaft.

Positive Wirkungen auf die Gesundheit

- alkalisierend, entzündungshemmend, entgiftend, appetitanregend
- empfohlen bei Akne, Autoimmunerkrankungen und für stillende Frauen zur Milchbildung

Geschmack & Verwendung

Das junge, mild nussig schmeckende Mikrogrün samt Wurzeln passt hervorragend in Salate und Smoothies und ist zudem, allein als Snack genossen, köstlich.

KEIMINFO

Einweichzeit: 8–12 Stunden

Keimmethode: Sprossenglas (bis zum 7. Tag), Etagenkeimgerät, *EasyGreen*, Keimschale

Wässern/Spülen: 2 x täglich

Ernte: als Mikrogrün nach 7–12 Tagen

Wichtige Hinweise

Die kleinen Faserwurzeln nicht mit Schimmel verwechseln.

Die Sprossen auf keinen Fall vor dem 7. Tag essen (!), dann erst ist das Pflanzentoxin Canavanin vollständig abgebaut. Gut spülen.

Rezepte

AngelikA's Wellness-Toast (Seite 126), Fit & in Form-Smoothie (Seite 90), Lebensbrot (Seite 140), LovingLife-Salat (Seite 105), Sprossensmoothie Grundrezept (Seite 87)

Amaranth

Das heilige Korn der Inka

Die Pflanzengattung Amaranth bezeichnet ein Pseudogetreide mit mehr als 60 verschiedenen Arten, die zur Familie der Fuchsschwanzgewächse zählen und bereits bei den Inkas und Azteken als heiliges und lebensverlängerndes Grundnahrungsmittel galten. Sprosse oder knallig rotes Mikrogrün sind reich an Nähr- und Vitalstoffen und sehr bekömmlich.

Inhaltsstoffe

Amaranthsprossen enthalten 15 bis 18 Prozent Eiweiß und alle essenziellen Aminosäuren, darunter vor allem Lysin, das bei einer rein pflanzlichen Ernährung sonst schwierig zu bekommen ist. Diese Sprossen sind Top-Lieferanten für Eisen, Kalzium, Magnesium und Zink und äußerst reich an Ballaststoffen, ungesättigten Fettsäuren und Lecithin.

Positive Wirkungen auf die Gesundheit

- blutbildend, blutreinigend und entzündungshemmend
- unterstützend für Verdauung, Herz, Haut und Knochen

Geschmack & Verwendung

Eingeweichte Samen (werden vor dem Verzehr gekocht) und Sprossen schmecken nussig und eignen sich perfekt als Beilage sowie in Müslis, auf Salaten etc. Das Mikrogrün wird vor allem als Dekoration verwendet.

KEIMINFO

Einweichzeit:
30 Minuten–4 Stunden

Keimmethode:
Sprosse: Sprossensack, feines Küchensieb, Sprossenglas
Mikrogrün: Keimschale, in Erde, Etagenkeimgerät, *EasyGreen*

Wässern/Spülen: 2–3 x täglich

Ernte: als Sprosse nach 2–3 Tagen, als Mikrogrün nach 8–14 Tagen

AngelikA's Tipp

Die Samen sind sehr klein und können beim Spülen mit dem Wasser abfließen. Verwende deshalb Vlies oder Küchenkrepp, um die Abflussöffnung abzudecken. Oder im Sprossensack keimen.

Rezept

Bliss-Müsli (Seite 162)

Basilikum

Das Kraut der Könige

Basilikum, auch Königskraut genannt, hat schleimbildende Samen und gehört zur Familie der Lippenblütler. Es wird seit Jahrtausenden als Heilpflanze verwendet.

Inhaltsstoffe

Basilikum-Mikrogrün enthält viele ätherische Öle, ist reich an Enzymen sowie den Vitaminen A, B, C, E und K und enthält die Mineralstoffe Eisen, Kalium, Kalzium und Magnesium.

Positive Wirkungen auf die Gesundheit

- antibakteriell
- bessere Fettverdauung
- darmregulierend (gegen Blähungen und Völlegefühl)
- lindernd bei Schwellungen und Entzündungen

Geschmack & Verwendung

Das Mini-Blattgemüse mit seinem intensiven aromatischen, pfeffrigen Geschmack ist überall dort einsetzbar, wo man Basilikumblätter verwendet (Salate, Suppen, italienische Gerichte, Dekoration).

KEIMINFO

Einweichzeit: 0–15 Minuten

Keimmethode: Kressesieb oder -Igel, Keimschale mit Vlies/Watte, Etagenkeimgerät aus Ton, in Erde

Wässern/Spülen: 2 x täglich besprühen/spülen, feucht halten

Ernte: als Mikrogrün nach 10–15 Tagen

AngelikA's Tipp

Basilikum eignet sich als diätetisches Kraut, da es Salz ersetzen kann.

Rezepte

Salata Appassionata (Seite 110), Sprossen-Pesto (Seite 133)

Bockshorn-klee

Das Sportlerkraut

Der Bockshornklee ist eine Hülsenfrucht und unter vielen Namen (Philosophenklee, Heusamen etc.) bekannt. Er ist nähr- und vitalstoffreich und ein Heilmittel der Ayurvedischen und der Traditionellen Chinesischen Medizin.

Inhaltsstoffe

Was die Bockshornkleesprossen so besonders macht, sind spezielle Bitterstoffe, ätherische Öle, Saponine und pflanzliche Hormone. Neben den Vitaminen A, B_1, B_2, B_3 und B_5 sind vor allem viel Eisen und Phosphor und eine große Menge an allen essenziellen Aminosäuren enthalten.

Positive Wirkungen auf die Gesundheit

- antiviral, entschleimend und verdauungsfördernd
- gegen Menstruations- und Wechseljahresbeschwerden und für die Brustgesundheit der Frau (bessere Milchbildung bei stillenden Frauen)
- reinigende Wirkung auf den gesamten Organismus (vor allem Leber, Nieren)

Geschmack & Verwendung

Mit ihrem herb-würzigen Geschmack finden die Sprossen vor allem in indischen Curry- und asiatischen Gerichten Verwendung. Gut geeignet auch für grüne Smoothies und Salate.

KEIMINFO

Einweichzeit: 6–12 Stunden

Keimmethode:
Sprosse: Sprossenglas, Sprossensack, Etagenkeimgerät, Keimschale, *EasyGreen*
Mikrogrün: Keimschale, in Erde, *EasyGreen*

Wässern/Spülen: 2–3 x täglich

Ernte: als Sprosse nach 2–5 Tagen, als Mikrogrün nach 10–17 Tagen

Wichtiger Hinweis

Ab dem 4. Tag entwickelt sich ein sehr bitterer Geschmack.

Rezepte

Fit & in Form-moothie (Seite 90), Wok Adventure (Seite 150)

Brokkoli

Der Krebsbekämpfer

Der Brokkoli ist ein Kohlgewächs, das ursprünglich aus Kleinasien stammt, zur Familie der Kreuzblütler gehört und aufgrund seiner neu entdeckten Inhaltsstoffe als Krebsschutz und Immunbooster gilt.

Inhaltsstoffe

Im Vergleich zu Brokkoligemüse enthalten Brokkolisprossen bis zu 50-mal mehr Senföl und Schwefelverbindungen, die für ihre krebshemmende Wirkung bekannt sind. Sie bieten reichlich Mineralstoffe (Eisen, Kalium, Kalzium, Natrium, Phosphor und Zink), Vitamine (B_1, B_2, B_6, E, C, Provitamin A) und sekundäre Pflanzenstoffe. 1 Espressotasse dieser Sprossen liefert laut den Studien der Johns-Hopkins-Universität in Baltimore die gleiche Menge an Antioxidantien wie 1½ Kilogramm Brokkoligemüse.

Positive Wirkungen auf die Gesundheit

- blutdrucksenkend
- entzündungshemmend, entgiftend, antibakteriell
- krebsvorbeugend und -bekämpfend

Geschmack & Verwendung

Mit ihrem mild-würzigen und aromatisch-pikanten Geschmack werden die Keimlinge am besten roh in grünen Smoothies, Salaten, Suppen oder als Deko verwendet.

KEIMINFO

Einweichzeit: 8–12 Stunden

Keimmethode:
Sprosse: Sprossenglas, Etagenkeimgerät, Keimschale, *EasyGreen*
Mikrogrün: Etagenkeimgerät, Keimschale, *EasyGreen*

Wässern/Spülen: 2–3 x täglich

Ernte: als Sprosse nach 5–6 Tagen, als Mikrogrün nach 7–14 Tagen

Rezepte

Be-Green-Saft (Seite 91), Rise & Shine (Seite 89), Sprossen-Splash (Seite 106), Sundream-Salad (Seite 112), Wellness-Toast (Seite 126)

Buchweizen

Der Bestärker

Buchweizen, auch Haden oder Heidekorn genannt, ist eine uralte Heilpflanze und gehört zur Familie der Knöterichgewächse. Er stammt ursprünglich aus der Mongolei und ist eine gesunde und glutenfreie Alternative zu Getreide, leicht zubereitet und vielseitig einsetzbar. Er kann sowohl als Sprosse als auch als Grünkraut genossen werden.

Inhaltsstoffe

Buchweizen enthält 12 Prozent Eiweiß und alle essenziellen Aminosäuren (vor allem Lysin) in optimalem Verhältnis. Neben den Vitaminen B_1, B_2, B_3 und E, den Mineralstoffen Eisen, Kalium, Kupfer, Magnesium und Phosphor sind auch sekundäre Pflanzenstoffe wie Rutin (ein antioxidatives Flavonoid) enthalten. Bei der Keimung bilden sich Wachstumshormone, Enzyme und beim Grünkraut auch Chlorophyll.

Positive Wirkungen auf die Gesundheit

- basenbildend und entgiftend
- regulierend für die Verdauung, den Blutzucker- und Cholesterinspiegel
- wärmend, aufbauend und gefäßstärkend

KEIMINFO

Für Sprossen

Samen: ohne Schale

Einweichzeit: 30 Minuten–4 Stunden

Keimmethode: Sprossenglas, Sprossensack, feines Küchensieb, Keimschale

Wässern/Spülen: 3–4 x täglich

Ernte: nach 1–2 Tagen

Für Grünkraut

Samen: mit Schale
Einweichzeit: 8–16 Stunden

Keimmethode: Keimschale, Etagenkeimgerät, *EasyGreen*, in Erde

Wässern/Spülen: 2–3 x täglich

Ernte: nach 8–12 Tagen

Geschmack & Verwendung

Buchweizensprossen mit ihrem sehr milden und nussigen Geschmack können vielseitig eingesetzt und wenn nötig sogar bereits nach der Einweichzeit verwendet werden. Ob als Zutat im Müsli, in der Suppe oder Paprikafüllung, in Crêpes, Brot oder im Brei: Sie sind leicht verdaulich und auch als Krankenkost und für Kinder gut geeignet. Buchweizen-Mikrogrün hat ebenfalls einen feinen nussigen Geschmack und schmeckt lecker in Säften, Smoothies, als Brotbelag oder Dekoration.

AngelikA's Tipp

Da Buchweizen äußerst schleimbildend sind, ist das täglich mehrmalige Spülen der Keimlinge mit frischem Wasser besonders wichtig.

Wichtige Hinweise

An den Schalen des Buchweizens haftet *Fagopyrin*, ein roter Farbstoff, der Hautirritationen hervorrufen kann. Bei geschälten Körnern ist dies nicht mehr der Fall. Es empfiehlt sich, Körner mit Schale vor Verwendung in eine Wasserstoffperoxidlösung zu geben (Infos siehe Seite 28 unten; 189, rechte Spalte) oder zumindest mit heißem Wasser abzuspülen. Bei der Keimung des Grünkrauts kommt es zur Bildung von Faserwurzeln (nicht mit Schimmel zu verwechseln).

Rezepte

Côte d'Azur Rolls (Seite 116),
Bliss-Müsli (Seite 162),
Friedensbällchen (Seite 160),
Lebensbrot (Seite 140),
Pfannkuchen (Seite 166)

Chia

Wundersamen der Maya

Die Chiapflanze ist eine Salbeipflanze aus der Familie der Lippenblütler und stammt ursprünglich aus Mexiko. Ihre Samen wurden bereits von den Maya als Energie- und Heilmittel hoch geschätzt (der Name *Chia* bedeutet „Kraft") und wie Gold gehandelt. Heute sind sie ein natürliches Nahrungsergänzungsmittel und vor allem bei Sportlern und Diabetikern beliebt.

Chiasamen gehören zu den schleimbildenden Samen; sie können das 7- bis 10-Fache ihres Gewichts an Flüssigkeit aufsaugen und versorgen unseren Körper mit Flüssigkeit, Nähr- und Vitalstoffen sowie Energie. Das macht sie zu einem natürlichen Nahrungsergänzungsmittel, das in der modernen gesunden Küche ein unglaubliches Spektrum an kreativen Einsatzmöglichkeiten eröffnet und somit nicht nur von Sportlern, Diabetikern und Menschen, die ihr Gewicht reduzieren wollen, geschätzt wird.

Inhaltsstoffe

Chiasamen verfügen über 10-mal so viel Omega-3-Fettsäuren (im idealen Verhältnis zu den enthaltenen Omega-6-Fettsäuren) wie Lachs, 4-mal mehr Eisen als Spinat und 4-mal mehr Ballaststoffe als Leinsaat. Der Vitalstoffgehalt steigt mit der Keimung noch kräftig an. Chiasprossen sind auch reich an Antioxidantien, Vitaminen (A, B_1, B_2 und B_3), den Mineralstoffen Bor (hilft bei der Kalziumaufnahme), Kalium, Kalzium, Phosphor und Zink und enthalten alle essenziellen Aminosäuren.

KEIMINFO

Einweichzeit: für Sprosse und Mikrogrün: 0–15 Minuten, für eingeweichte Samen: 15 Minuten–6 Stunden

Keimmethode:
Sprosse: Kressesieb oder -Igel, Keimschale mit Vlies, Etagenkeimgerät aus Ton
Mikrogrün: Kressesieb oder -Igel, Keimschale mit Vlies/Watte, Etagenkeimgerät aus Ton, in Erde

Wässern/Spülen: 2 x täglich besprühen/spülen, feucht halten

Ernte: als Sprosse nach 2–3 Tagen, als Grünkraut nach 8–14 Tagen

Positive Wirkungen auf die Gesundheit

- aufbauend und ideal zum Abnehmen
- darmreinigend, entschlackend
- versorgen unsere Zellen mit Energie und gleichen den Blutzuckerspiegel aus

Geschmack & Verwendung

Chiasprossen schmecken sehr mild. Dank ihrer gelartigen Konsistenz eignen sie sich perfekt zum Anreichern von Smoothies, Binden von Saucen und zum Kreieren von rohköstlichen, kalorienarmen und vitalstoffreichen Puddings und Marmeladen. Im Handumdrehen zauberst du damit Cracker und Müslis. Auch als Mikrogrün sind sie vielseitig einsetzbar, vor allem in Salaten und als Deko.

AngelikA's Tipp

Chiasamen sind länger haltbar als Leinsamen, giftstofffrei und deshalb die bessere Wahl für die tägliche Versorgung mit Omega-3- und Omega-6-Fettsäuren.

Rezepte

Chili con Sprosse (Seite 154),
Green-Peace-Dip (Seite 132),
Rise & Shine (Seite 89),
Sonnenschein-Cracker (Seite 142),
Sonnenaufgang-Chiapudding (Seite 158),
Sprossen-Sackerl (Seite 118)

Erbse

Green Peace

Die Erbse ist eine uralte Kulturpflanze und gehört zur Unterfamilie der Schmetterlingsblütler innerhalb der Familie der Hülsenfrüchtler. Für den Sprossengarten ist die Zuckererbse sowohl als Sprosse als auch als Grünkraut bestens geeignet.

Inhaltsstoffe

Erbsensprossen enthalten 25 Prozent Eiweiß (mit allen essenziellen Aminosäuren), reichlich Kohlenhydrate, wenig Fett, viele Ballaststoffe und vor allem die Vitamine A, B_1, B_2, B_6 und C sowie verschiedene Mineralstoffe wie Eisen, Kalzium, Magnesium, Phosphor, Silizium und Zink.

Positive Wirkungen auf die Gesundheit

- basenbildend
- förderlich für das allgemeine Wohlbefinden
- verdauungsfördernd

Geschmack & Verwendung

Erbsen schmecken nach der Keimung frisch-nussig, etwas pfeffrig und leicht bitter. Die Sprossen eignen sich für gekochte Gerichte (mit Reis und Gemüse), aber auch für Dips und das Grünkraut ist lecker in Salaten.

KEIMINFO

Für Sprossen

Einweichzeit: 8–12 Stunden

Keimmethode: Sprossenglas, Sprossensack, Keimschale, Etagenkeimgerät, *EasyGreen*

Wässern/Spülen: 2–3 x täglich

Ernte: nach 3–4 Tagen

Für Grünkraut

Einweichzeit: 8–12 Stunden

Keimmethode: Keimschale, Etagenkeimgerät, *EasyGreen*, in Erde

Wässern/Spülen: 2–3 x täglich

Ernte: nach 10–14 Tagen

Wichtiger Hinweis

Für Erbsen wie für Bohnen gilt: Die Sprossen vor dem 4. Tag nicht roh essen!

Rezept

Green-Peace-Dip (Seite 132)

Fenchel

Der beruhigende Allrounder

Der Fenchel stammt aus dem Mittelmeerraum, gehört zur Familie der Doldenblütler und wird als Gemüse-, Gewürz- und Heilpflanze verwendet. Fenchelsaat, die als Tee oder Gewürz genutzt wird, ist überall erhältlich, aber nicht als Keimsaat geeignet, da ihre Keimfähigkeit meist zu gering ist.

Inhaltsstoffe

Was die kalorienarmen Fenchelsprossen so wertvoll macht, sind ihre ätherischen Öle, ihre Mineralstoffe (Kalium, Kalzium und Magnesium) und die Vitamine A, B und C. Sie sind außerdem reich an Flavonoiden und Kieselerde.

Positive Wirkungen auf die Gesundheit

- entkrampfend, verdauungsfördernd, harntreibend und antiparasitär
- hilfreich bei Mundgeruch, Menstruationsbeschwerden und PMS
- stoffwechselaktivierend (verbessern den Fettabbau)

Geschmack & Verwendung

Fenchelsprossen sind sehr bekömmlich und erinnern im Geschmack an den von Anis. Sie können gekochten Gerichten und Salaten, aber vor allem auch Desserts eine exotische Note verleihen.

KEIMINFO

Einweichzeit: 8–10 Stunden

Keimmethode: Sprossenglas, Etagenkeimgerät, *EasyGreen*, Keimschale

Wässern/Spülen: 2 x täglich

Ernte: als Sprosse nach 8–10 Tagen

AngelikA's Tipp

Mithilfe einer Salatschleuder lassen sich die Samenhüllen leichter von den Sprossen trennen.

Rezepte

Bliss-Parfait (Seite 164), Sonnenscheincracker (Seite 142)

Gerste

Süß wie Honig

Die Gerste gehört zur Familie der Süßgräser und ist die älteste kultivierte Getreideart. Bereits 8000 v. Chr. entdeckten die Sumerer die positiven Wirkungen der gekeimten Gerste und auch der japanische Arzt und Pharmakologe Dr. Yoshihide Hagiwara, der sich über vierzig Jahre lang mit der Heilwirkung von Gerstengras beschäftigte, fand, dass dieses unter allen bisher untersuchten Grünpflanzen herausragt, weil es die ausgewogenste Zusammensetzung an Inhaltsstoffen besitzt.

Inhaltsstoffe

Gerstensprossen enthalten wertvolle Vitamine (B_1, B_2, B_3, B_6, C, E etc.) und Mineralstoffe (Eisen, Kalium, Kalzium, Magnesium, Natrium, Phosphor, Silizium, Zink etc.). Gerstengrassaft enthält alle essenziellen Aminosäuren und die stärksten Antioxidantien (Saponarin, Lutonarin und 6 weitere aus der Gruppe der Flavon-C-Glycoside) und soll 30-mal mehr Vitamin B_1 und 11-mal mehr Kalzium als Kuhmilch, 6-mal mehr Karotin und 5-mal mehr Eisen als Spinat und 7-mal mehr Vitamin C als Orangen liefern.

Positive Wirkung von Gerstensprossen auf die Gesundheit

- aufbauend, heilend, leicht abführend
- Gerstensud hilft bei Blasen- und Nierenbeschwerden
- unterstützend bei Bindegewebsschwäche

KEIMINFO

Für Sprossen

Samen: ohne Schale

Einweichzeit: 6–12 Stunden

Keimmethode: Sprossenglas, Sprossensack, Keimschale

Wässern/Spülen: 2 x täglich

Ernte: nach 2–3 Tagen

Für Gras

Samen: mit Schale

Einweichzeit: 8–12 Stunden

Keimmethode: Weizengrassieb, Keimschale, *EasyGreen*, in Erde

Wässern/Spülen: 2 x täglich

Ernte: nach 10–12 Tagen

Positive Wirkung von Gerstengras auf die Gesundheit

- alkalisierend, entzündungshemmend, blutreinigend, hochgradig antioxidativ, zellregenerierend
- aufbauend für Haut, Haare und Knochen durch bio-verfügbares Kalzium, Vitamin C, Magnesium und Protein im idealen Verhältnis
- empfohlen vor und nach einer Röntgenuntersuchung und zur Ausleitung von Schwermetallrückständen im Körper
- krebsvorbeugend und krebsbekämpfend (vor allem bei Haut-, Brust- und Darmkrebs)
- Linderung der Symptome bei der chronischen Darmerkrankung *Colitis ulcerosa*
- stimmungsaufhellend, cholesterinspiegelsenkend
- Verringerung des Herzinfarkt- und Schlaganfallrisikos
- weitere positive Wirkungen durch den hohen Gehalt an Chlorophyll (siehe Seite 17)

Geschmack & Verwendung

Die Gerstensprossen haben eine einzigartige Süße und werden auch als „pflanzlicher Honig" bezeichnet. Sie eignen sich besonders für Müslis, Salate, aber auch in Suppen und Ragouts. Gerstengras wird am besten zu Saft verarbeitet, der entweder pur oder mit etwas Wasser und Zitronensaft verdünnt getrunken wird.

AngelikA's Tipp

So, wie Tequila mit Zitrone getrunken wird, genießt du Gerstengrassaft vorzugsweise mit Orangenfilets, da sie die Bitterkeit des Saftes neutralisieren. Süßer wird's, wenn du zudem noch Weizengrassaft dazugibst.

Wichtige Hinweise

Der Keim der Sprosse sollte maximal so lang werden wie das Korn selbst. Bei der Keimung entstehen kleine Faserwurzeln (nicht mit Schimmel zu verwechseln).

Rezepte

Be-Green-Saft (Seite 91),
Urbrot (Seite 138)

Grünkohl

Der Star unter den Superfoods

Der Grünkohl wird als Superfood gefeiert – dank seines einzigartigen Vitalstoffgehalts. Doch das zur Familie der Kreuzblütler zählende Gemüse gibt es nicht ganzjährig zu kaufen. Als Alternative bieten sich Grünkohlsprossen an, die einfach und zu jeder Jahreszeit zu ziehen sind und uns dabei noch mehr wertvolle Inhaltsstoffe zur Verfügung stellen.

Inhaltsstoffe

Grünkohl wird auch als „vegetarisches Fleisch" bezeichnet. Im Vergleich zum tierischen Produkt liefern die Sprossen mehr Eisen und Kalzium und das in perfekter Kombination mit einer Fülle an Vitaminen (A, C, K). Die Sprossen enthalten 30 bis 35 Prozent Eiweiß und viele Senföle.

Positive Wirkungen auf die Gesundheit

- cholesterinsenkend
- konzentrationsfördernd
- krebsvorbeugend und -bekämpfend
- stärkend für das Immun- und das Herz-Kreislauf-System

Geschmack & Verwendung

Grünkohlsprossen und -mikrogrün sind mild und süß und perfekt geeignet für grüne Smoothies, Gourmet-Salate oder als Deko.

KEIMINFO

Einweichzeit: 6–12 Stunden

Keimmethode:
Sprosse: Sprossenglas, Etagenkeimgerät, Keimschale, *EasyGreen*
Mikrogrün: Etagenkeimgerät, Keimschale, *EasyGreen*, in Erde

Wässern/Spülen: 2 x täglich

Ernte: als Sprosse nach 3–6 Tagen, als Mikrogrün nach 7–14 Tagen

AngelikA's Tipp

Rotkohl- und Chinakohlsamen sind leichter erhältlich und ähnlich in der Keimmethode, Wirkung und Verwendung.

Rezept

Sprossen-Sackerl (Seite 118)

Hirse

Das schön machende goldene Kügelchen

Die winzig kleine Rispenhirse ist das Urgetreide und mit Lein die älteste Kulturpflanze. Sie gehört zur Familie der Süßgräser und ist die ideale glutenfreie Alternative zu Weizen & Co.

Inhaltsstoffe

Hirse enthält mehr Vitamine und Mineralien als jedes andere Getreide (außer Hafer). Sie ist besonders reich an Eisen, Kieselerde, Magnesium, Silizium und an Lecithin.

Positive Wirkungen auf die Gesundheit

- förderlich bei Eisenmangel und für die Blutbildung
- unterstützend für Knochen, Gelenke, Bindegewebe, Haut, Haar und Nägel

Geschmack & Verwendung

Eine knackige, nussig schmeckende Zugabe für Salate, Brot und allerlei andere Gerichte.

KEIMINFO

Einweichzeit: 6–12 Stunden

Keimmethode: Sprossenglas, Sprossensack, feines Küchensieb

Wässern/Spülen: 2 x täglich

Ernte: als Sprosse nach 3–4 Tagen

AngelikA's Tipps

Das Hirsekorn muss für die mehrtägige Sprossenzucht ungeschält sein. Geschälte Hirse ist die perfekte Alternative zu Getreide und kann vor dem Kochen eingeweicht und maximal 1 Tag lang gekeimt werden.

Rezept

Königliche Hirsehaube im Pilzragout (Seite 146)

Kicher-erbse

Der sättigende Kraftspender

Die Kichererbse ist ein Schmetterlingsblütler innerhalb der Familie der Hülsenfrüchtler und war schon vor Tausenden von Jahren in Kleinasien bekannt. Sie ist vor allem in der vegetarischen und veganen Küche ein kräftigender und sättigender „Renner".

Inhaltsstoffe

Neben Eiweiß (reich an essenziellen Aminosäuren wie Lysin und Threonin), komplexen Kohlenhydraten und ungesättigten Fettsäuren sind vor allem Vitamin A und C enthalten, die sich durch die Keimung vervielfachen. Hinzu kommen Eisen, Magnesium und Zink.

Positive Wirkungen auf die Gesundheit

- blutbildend und verdauungsfördernd
- blutzuckerspiegelsenkend
- knochen- und nervenstärkend

Geschmack & Verwendung

Kichererbsensprossen haben einen angenehm nussigen und buttrigen Geschmack und eignen sich ausgezeichnet für Hummus, Aufstriche oder in Salaten und Eintöpfen. Sie können beliebig und vielseitig gewürzt werden, da sie Aromen sehr gut aufnehmen.

KEIMINFO

Einweichzeit: 12–24 Stunden

Keimmethode: Sprossensack, Sprossenglas, Etagenkeimgerät, Keimschale

Wässern/Spülen: 2 x täglich

Ernte: als Sprosse nach 3–4 Tagen

AngelikA's Tipp

Lass Kichererbsensprossen nicht länger als 4 Tage keimen, denn das macht sie bitter.

Wichtiger Hinweis

Roh kannst du die Sprossen erst ab dem 4. Tag essen! Vor Verzehr ggf. kurz erhitzen.

Rezepte

Hummus (Seite 120; die Süßlupinen im Rezept kannst du durch Kichererbsen ersetzen)

Kresse

Der Frischekick

Die (Garten-)Kresse ist ein Kreuzblütengewächs. Ihre Samen sind schleimbildend und einfach und schnell zum Keimen zu bringen.

Inhaltsstoffe

Im Vergleich zu anderen Sprossenarten enthält Kresse weniger Proteine und kaum Kohlenhydrate. Sie überzeugt durch ihren hohen Gehalt an wertvollem Senföl sowie an Carotin, Eisen, Jod, Kalium, Kalzium, Niacin, Phosphor und den Vitaminen A, B_1, B_2, B_3, C, D und E.

Positive Wirkungen auf die Gesundheit

- aktivierend bei Frühjahrsmüdigkeit
- blutreinigend, verdauungs- und stoffwechselfördernd
- natürliches Antibiotikum mit positivem Einfluss auf die Nierentätigkeit

Geschmack & Verwendung

Kresse ist bekannt für ihren scharfen Geschmack, der dem von Rettich und Senf ähnelt. Sie ist ideal als Würzmittel in Salaten, Saucen und Dressings und vor allem auf Brot.

KEIMINFO

Einweichzeit: 0–15 Minuten

Keimmethode: Kressesieb, -Igel, Keimschale mit Vlies/Watte, Etagenkeimgerät aus Ton, in Erde

Wässern/Spülen: 1–2 x täglich

Ernte: als Mikrogrün nach 6–14 Tagen

AngelikA's Tipp

Die Kressesorten unterscheiden sich stark in Blattform und Keimdauer. Probiere mehrere Sorten aus.

Wichtiger Hinweis

Kresse bildet bei der Keimung kleine Faserwurzeln (nicht mit Schimmel zu verwechseln).

Rezept

Jausenbrot (Seite 124)

Kürbiskern

Für Power und Leistungsfähigkeit

Kürbiskerne sind ein ganz besonderes Luxussaatgut. Sie gehören zur Gruppe der Kürbisgewächse (wie Gurken und Melonen) und entwickeln sich durch Keimung zu einem nähr- und inhaltsstoffreichen Powerfood.

Inhaltsstoffe

Kürbiskernsprossen enthalten eine riese Menge hochwertige ungesättigte Fettsäuren (50 Prozent) und essenzielle Aminosäuren (35 Prozent). Sie sind vor allem reich an Eisen, Magnesium, Phosphor und Zink und den Vitaminen A, B, C und E.

Positive Wirkungen auf die Gesundheit

- stärkend für die Augen, die Verdauung und das Immunsystem
- unterstützend für die Gesundheit von Blase, Nieren und Prostata

Geschmack & Verwendung

Die Sprossen schmecken buttrig und nussig und eignen sich am besten roh für Salate, Aufstriche, Müslis, selbst gemachte Nussmilch oder als Snack.

KEIMINFO

Einweichzeit: 4–12 Stunden

Keimmethode: Sprossenglas, Sprossensack, feines Küchensieb, Keimschale

Wässern/Spülen: 2–3 x täglich

Ernte: als Sprosse nach 1–3 Tagen

AngelikA's Tipp

Nicht zu lang keimen lassen, denn nach 3 bis 4 Tagen schmecken sie bitter.

Wichtiger Hinweis

Für die Sprossenzucht nur Samen ohne Hüllen verwenden.

Rezept

AngelikA's Bliss-Müsli (Seite 162)

Leinsamen

Das Brainfood mit Omega-3-Power

Leinsamen, auch Flachssamen genannt, gehören zur Gruppe der Leinengewächse und haben schleimbildende Samen. Neben den bekannten braunen gibt es auch goldfarbene Samen. Diese beiden Sorten unterscheiden sich kaum, was ihre Inhaltsstoffe anbelangt.

Inhaltsstoffe

Leinsamen enthält 25 Prozent Protein und 40 Prozent Öle (75 Prozent davon sind ungesättigte [vor allem Omega-3-] Fettsäuren). Mit der Keimdauer steigen Anteil und Bioverfügbarkeit dieser Inhaltsstoffe weiter an. Das gilt auch für die Vitamine E, F, K und die Mineralstoffe Eisen, Jod, Kalzium, Kupfer, Magnesium und Phosphor.

Positive Wirkungen auf die Gesundheit

- beliebtes Verdauungsmittel (darmreinigend)
- unterstützend für Nerven- sowie Herz-Kreislauf-System und die Gehirnfunktion

Geschmack & Verwendung

Die nussig schmeckenden Sprossen und die eingeweichten Samen passen super ins Müsli, Brot, in den Smoothie und eignen sich auch zum Eindicken von Saucen. Das Mikrogrün kann vielseitig verwendet werden.

KEIMINFO

Einweichzeit:
Sprosse und Mikrogrün: 0–15 Minuten, eingeweichter Samen: 15 Minuten–6 Stunden

Keimmethode:
Sprosse: Etagenkeimgerät aus Ton, Keimschale mit Vlies
Mikrogrün: Kressesieb, -Igel, Keimschale mit Vlies/Watte, in Erde

Wässern/Spülen: 2 x täglich, feucht halten

Ernte: als Sprosse nach 2–3 Tagen, als Mikrogrün nach 8–14 Tagen

Wichtiger Hinweis

Pro Tag maximal 2 Esslöffel Leinsamen keimen und verzehren.

Rezepte

Beauty-Burger (Seite 152),
Bliss-Müsli (Seite 162),
Côte d'Azur Rolls (Seite 116),
Lebensbrot (Seite 140),
Pfannkuchen (Seite 166)
Sonnenschein-Cracker (Seite 142)

Linse

Kleine Samen, große Wirkung!

Die Linse ist ein Schmetterlingsblütler innerhalb der Familie der Hülsenfrüchtler. Sie besitzt eine große Sortenvielfalt, die sich in Form, Farbe und Größe unterscheiden. Linsen können lang gelagert werden, keimen leicht, sie sind sättigend und preiswert.

Inhaltsstoffe

Linsen sind besonders reich an Kohlenhydraten, Eiweiß (25 Prozent), Ballaststoffen, den Mineralstoffen Eisen, Kalium, Kalzium und Phosphor und den Vitaminen A, B_1, B_2, B_3, B_6, C und E.

Positive Wirkungen auf die Gesundheit

- fördernd für die Ausdauer
- regulierend auf den Cholesterin- und den Blutzuckerspiegel
- unterstützend auf Verdauung und Immunsystem

Geschmack & Verwendung

Je nach Sorte können Linsensprossen lieblich und nussig oder herb schmecken. Sie werden vor dem Verzehr kurz erhitzt oder nach längerer Keimung auch roh gegessen. Diese Sprossen passen am besten in Reisgerichte, Eintöpfe oder Aufstriche und sind sehr sättigend.

KEIMINFO

Einweichzeit: 8–12 Stunden

Keimmethode: Sprossenglas, Etagenkeimgerät, Keimschale, *EasyGreen*

Wässern/Spülen: 2–3 x täglich

Ernte: als Sprosse nach 3–5 Tagen

Wichtige Hinweise

Roh sollten Linsensprossen nie vor dem 4. Tag gegessen werden. Vor dem Verzehr ggf. kurz erhitzen.

Sie können auch länger gekeimt werden. Sobald sie kleine Blättchen bilden, werden sie spröder und schmecken herb.

Rezepte

Beauty-Burger (Seite 152), Meerjungfrauen-Sushi (Seite 148), Sundream Salad (Seite 112), Waldriesen-Aufstrich (Seite 135)

Mungo-bohne

Ein Sprossenwelthit

Die Mungobohne wird auch Mungbohne, Lunja- oder Jerusalembohne genannt. Sie stammt aus Asien und ist wohl die am weitesten verbreitete Bohnenart auf unserem Planeten. Die Mungobohne gehört zur Unterfamilie der Schmetterlingsblütler innerhalb der Familie der Hülsenfrüchtler, ist überdurchschnittlich reich an Nähr- und Vitalstoffen, keimt leicht und lässt sich vielseitig zubereiten.

Inhaltsstoffe

Mungobohnensprossen enthalten 60 Prozent Kohlenhydrate, wenig Fett und beeindrucken durch ihren hohen Gehalt an essenziellen Aminosäuren, den Vitaminen A, B_1, B_2, C, Niacin, Folsäure und vor allem Vitamin E. Sie sind reich an Eisen, Kalium, Kalzium, Magnesium und Phosphor sowie an Ballaststoffen, Wachstumshormonen, Cholin und Enzymen.

Positive Wirkungen auf die Gesundheit

- regulierend auf Blutfett- und Cholesterinwerte
- schmerzlindernd bei Wechseljahresbeschwerden und PMS
- verjüngend

Geschmack & Verwendung

Mungobohnensprossen schmecken süßlich und knackig-frisch (bei längerer Keimdauer herber). Sie lassen sich roh, kurz erhitzt sowie gekocht genießen.

KEIMINFO

Einweichzeit: 8–12 Stunden

Keimmethode: Sprossensack, Sprossenglas, Etagenkeimgerät, Keimschale, *EasyGreen*

Wässern/Spülen: 2–3 x täglich

Ernte: als Sprosse nach 3–5 Tagen

AngelikA's Tipp

Keimst du Mungobohnen in absoluter Dunkelheit (zum Beispiel im Sprossensack), produzieren sie längere Keimschwänze und werden nicht bitter.

Wichtiger Hinweis

Wie alle Bohnen dürfen auch diese frühestens ab dem 4. Keimtag roh gegessen werden! Vor dem Verzehr ggf. erhitzen.

Rezept

Wok Adventure (Seite 150)

Quinoa

Klein, aber oho!

Quinoa ist ein uraltes südamerikanisches Pseudogetreide (glutenfrei) und gehört zur Familie der Fuchsschwanzgewächse. Wie Amaranth war es ein Hauptnahrungsmittel der Inkas und ist eine der am schnellsten wachsenden Sprossenarten (nach 24 Stunden ist es roh essbar).

Inhaltsstoffe

Neben 15 Prozent Protein mit allen essenziellen Aminosäuren enthalten Quinoasprossen leicht verdauliche Kohlenhydrate, die Vitamine A, B_2, C und E sowie die Mineralien Eisen, Kalzium, Magnesium (der Gehalt ist um 70 Prozent höher als bei Weizen) und Zink.

Positive Wirkungen auf die Gesundheit

- harmonisierend auf den Blutzuckerspiegel, die Verdauung und den Energiehaushalt
- stärkend auf das Immunsystem
- stimmungsaufhellend, antioxidativ

Geschmack & Verwendung

Quinoasprossen schmecken frisch und nussig, sind knackig und der ideale Ersatz für Getreide. Sie können in Gemüsepfannen, als Beilage (mit 1 Schuss Olivenöl) oder in Süßspeisen sowie Salaten verwendet werden.

KEIMINFO

Einweichzeit: 30 Minuten–4 Stunden

Keimmethode: Sprossensack, Sprossenglas, feines Küchensieb

Wässern/Spülen: 2 x täglich

Ernte: als Sprosse nach 1–4 Tagen

Wichtige Hinweise

Wegen des Saponingehalts, der mit der Keimzeit immer weiter sinkt, für Säuglinge und Kleinkinder nicht geeignet. Quinoa gibt es in Weiß, Rot und Schwarz.

Rezepte

Bliss-Müsli (Seite 162), Pfannkuchen (Seite 166), Schatz-Schnitten (Seite 143)

Radieschen

Schärft die Sinne

Radieschen gehören zu den Kreuzblütengewächsen und sind dem Rettich sehr ähnlich. Sie enthalten ätherische Senföle, die für einen scharfen Geschmack sorgen und schimmelhemmend wirken. Aus diesem Grund gibst du am besten beim Keimen anderer Saaten immer einige Radieschensamen dazu.

Inhaltsstoffe

Im Vergleich zu Radieschen enthalten Radieschensprossen das 4-Fache an Magnesium, sie sind reich an Eisen, Kalium, Kalzium und Zink. Sie haben einen Eiweißgehalt von 30 bis 35 Prozent und sind reich an den Vitaminen A, B, C, E und K. Das Vitamin C ermöglicht eine bessere Aufnahme von Eisen und Kalzium.

Positive Wirkungen auf die Gesundheit

- antibakteriell, antiviral, verdauungsfördernd, reinigend und entgiftend
- schleimlösend in den Atemwegen

Geschmack & Verwendung

Wie Radieschen selbst schmecken die Sprossen herzhaft, scharf und würzig, sie sind jedoch milder im Geschmack als Rettichsprossen. Sie passen bestens zu Brot, in Frischkäse, Salate, Dips, Pfannengerichte und Suppen.

KEIMINFO

Einweichzeit: 6–12 Stunden

Keimmethode: Sprossenglas, Etagenkeimgerät, Keimschale, *EasyGreen*

Wässern/Spülen: 2 x täglich

Ernte: als Sprosse nach 3–5 Tagen, als Mikrogrün nach 6–12 Tagen

Wichtige Hinweise

Wegen der eventuell enthaltenen Nitrate aus Düngemitteln nur Bio-Samen verwenden! Die kleinen Faserwurzeln der Keime nicht mit Schimmel verwechseln.

Rezepte

Jausen-Brot (Seite 124), Kohlrabi-Kiss-Cremesuppe (Seite 94), Sprossen-Sackerl (Seite 118)

Reis

Die Zen-Sprosse

Reis ist ein Getreide, das es in zahlreichen Sorten und Farben zu kaufen gibt, wie zum Beispiel als Langkorn-, Rundkorn- oder Mittelkornreis. Sie alle können gekeimt werden. Von weißem Reis ist immer abzuraten.

Inhaltsstoffe

Sprossen aus Vollkornreis enthalten bis zu 15 Prozent essenzielle Aminosäuren (vor allem Lysin). Im Vergleich zu Vollkornreis liefern sie 4-mal mehr Ballaststoffe und Vitamin E, 3-mal mehr Vitamin B_1 und 10-mal mehr Gamma-Amino-Buttersäure (einen Neurotransmitter mit angstlösender Wirkung). Dazu bieten sie unter anderem die Vitamine B_5 und B_6 sowie die Mineralstoffe Eisen, Magnesium, Kalium und Zink.

Positive Wirkungen auf die Gesundheit

- blutdrucksenkend
- krebsvorbeugend

Geschmack & Verwendung

Die Reissprossen werden im gleichen Verhältnis mit Wasser gekocht (je nach Keimdauer für 15 bis 25 Minuten). Dabei kein Salz zugeben und nicht umrühren, dadurch werden sie weich, aber nicht matschig. Nach dem Kochen von der Herdplatte nehmen und noch eine halbe Stunde mit geschlossenem Deckel ziehen lassen.

KEIMINFO

Einweichzeit: 4–24 Stunden

Keimmethode: Sprossenglas, Sprossensack, Etagenkeimgerät, Keimschale, *EasyGreen*

Wässern/Spülen: 2 x täglich

Ernte: als Sprosse nach 3–5 Tagen

AngelikA's Tipp

Probier doch mal die Sprossen von rotem Reis oder Wildreis (roh oder gekocht) – meine persönlichen Favoriten!

Wichtige Hinweise

Reis sollte immer gekeimt werden, denn dadurch vermindert sich der Anteil der im Korn enthaltene Phytinsäure. Die Keimdauer variiert nach Art.

Rezept

Wok Adventure (Seite 150)

Rote Bete

Die Extravagante, die Freude schafft

Rote Bete gehört zur Familie der Fuchsschwanzgewächse. Das Gemüse gehört zu den gesündesten der Welt. Die intensiv leuchtenden Rote-Bete-Sprossen sind ein Highlight auf jedem Teller.

Inhaltsstoffe

Die Keimlinge haben im Vergleich zu ausgewachsenen Roten Beten wenig Kalorien und sind reich an den Vitaminen A und C, dem Vitamin-B-Komplex (vor allem B_9), den Mineralstoffen Eisen, Kalium, Kalzium und Magnesium. Sie enthalten Betain, einen sekundären Pflanzenstoff, der Leber und Galle kräftigt und den Serotoninspiegel erhöht.

Positive Wirkungen auf die Gesundheit

- fördernd auf die Fettverdauung und die Blutbildung
- krebs- und arterioskleroseverbeugend
- stimmungsaufhellend und entgiftend

Geschmack & Verwendung

Die Sprossen der Roten Bete haben einen leicht erdigen Geschmack. Sie eignen sich vor allem für Gerichte mit viel Knoblauch, da sie dessen Geruch neutralisieren können. Durch ihre extravagante Farbe und Form verschönern sie jede Speise, denn: Das Auge isst ja bekanntlich mit.

KEIMINFO

Einweichzeit: 8–12 Stunden

Keimmethode: Sprossenglas, Etagenkeimgerät, *EasyGreen*, Keimschale

Wässern/Spülen: 2 x täglich

Ernte: als Sprosse nach 5–6 Tagen, als Mikrogrün nach 7–11 Tagen

AngelikA's Tipp

Die Samenhüllen der Sprossen kannst du leicht in der Salatschleuder entfernen.

Wichtiger Hinweis

Bei Tageslicht gekeimte Sprossen schmecken bitterer als die im Dunklen gekeimten.

Rezepte

Mango-Tango (Seite 108), Meerjungfrauen-Sushi (Seite 148)

Rotklee

Der feine Allrounder

Rotklee ist ein Schmetterlingsblütler innerhalb der Familie der Hülsenfrüchtler und ist auch unter den Namen Wiesen-, Honig-, Futter- oder Roter Steinklee bekannt. Die Sprossen von Rotklee ähneln sehr denen von Alfalfa, sind jedoch milder im Geschmack, heller in der Farbe und etwas früher erntereif.

Inhaltsstoffe

Neben verschiedenen Mineralstoffen, Vitaminen (C und E) und ätherischen Ölen enthalten Rotkleesprossen die Phytoöstrogene (Isoflavonoide) Biochanin A, Daidzein, Formononetin und Genistein, die den weiblichen Östrogenen sehr ähnlich sind.

Positive Wirkungen auf die Gesundheit

- förderlich für das allgemeine Wohlbefinden
- hemmt das Wachstum von diversen Krebsarten
- lindert Wechseljahresbeschwerden
- beugt Osteoporose vor
- senkt den Cholesterinspiegel

Geschmack & Verwendung

Rotkleesprossen sind leicht nussig, fein und zart im Geschmack, und es gibt nichts, womit sie nicht harmonieren.

KEIMINFO

Einweichzeit: 8–12 Stunden

Keimmethode: Sprossenglas, Etagenkeimgerät, Keimschale, *EasyGreen*

Wässern/Spülen: 2–3 x täglich

Ernte: als Sprosse nach 5–6 Tagen, als Mikrogrün nach 7–14 Tagen

AngelikA's Tipp

Durch ihren milden Geschmack und weil sie leicht keimen und mild schmecken sind Rotkleesprossen perfekt geeignet für den Einstieg in die Sprossenzucht.

Rezepte

Côte d'Azur Rolls (Seite 116),
Insalata Appassionata (Seite 110)

Senf

Die scharfe Schatzkugel

Senf gehört zur Familie der Kreuzblütler und ist seit Jahrtausenden als Würz- und Heilmittel beliebt. Es gibt weißen bzw. gelben und schwarzen, etwas schärferen Senf, die Samen unterscheiden sich in ihren Inhaltsstoffen aber kaum.

Inhaltsstoffe

Senfsprossen enthalten 30 bis 35 Prozent Eiweiß und vor allem das typische ätherische Senföl. Neben wertvollen Bitterstoffen und Enzymen sind sie reich an den Vitaminen A, B, C, E und K und den Mineralstoffen Eisen, Kalium, Kalzium, Magnesium und Zink.

Positive Wirkungen auf die Gesundheit

- krampf- und schleimlösend, antibakteriell und verdauungsanregend und stärkend für die Organe
- das Senfgrün wirkt entwässernd (ideal zur Entschlackungskur)

Geschmack & Verwendung

Du kannst die Keimlinge in selbst gemachtem Senf, in Saucen sowie Eintöpfen und das Mikrogrün in Salaten oder für raffiniert scharfe Gerichte verwenden. Schwere Speisen werden dadurch leichter verdaulich. Durch Erwärmen lassen Schärfe und Wirkung nach.

KEIMINFO

Einweichzeit: 6–8 Stunden

Keimmethode:
Sprosse: Etagenkeimgerät aus Ton, Keimschale mit Vlies, Sprossenglas
Mikrogrün: Kressesieb, -Igel, Keimschale mit Vlies/Watte, Etagenkeimgerät aus Ton, in Erde

Wässern/Spülen: 2–3 x täglich (häufig spülen und gut lüften)

Ernte: als Sprosse nach 2–5 Tagen, als Mikrogrün nach 5–14 Tagen

Wichtige Hinweise

Bei empfindlichem Magen nicht zu viele Senfsprossen essen. Die kleinen Faserwurzeln nicht mit Schimmel verwechseln.

Rezept

AngelikA's süßer Sprossensenf (Seite 134)

Sesam

Die Sprosse der Unsterblichkeit

„Sesam, öffne dich!" – eine magische Formel, die Pforten öffnet. Sesam gehört zu der Familie der Sesamgewächse und zählt zu den ältesten kultivierten Ölpflanzen auf unserer Erde. Es gibt weiße, schwarze und seltener auch rote Samen. Der schwarze Sesam ist die Urform aller Sesamarten und etwas nährstoffreicher als die anderen Sorten.

Inhaltsstoffe

Sesam ist eine gute Quelle für pflanzliches Eiweiß (20 bis 30 Prozent), enthält wenig Kohlenhydrate und etwa 50 bis 60 Prozent Öl (davon 90 Prozent ungesättigte Fettsäuren und Lecithin). 100 Gramm Sesam enthalten 1025 Milligramm Kalzium (500 Milliliter Milch dagegen nur 500 Milligramm). Sesam liefert sehr viel Eisen, Magnesium und Phosphor sowie die Vitamine A, B, C, E und Schleimstoffe.

Positive Wirkungen auf die Gesundheit

- fördert geistige und körperliche Fitness
- Schönheitsmittel für Haut und Haare
- stärkt Knochen, Zähne und Muskeln

KEIMINFO

Einweichzeit: 2–8 Stunden

Keimmethode: Sprossenglas, Sprossensack, feines Küchensieb

Wässern/Spülen: 2 x täglich

Ernte: als Sprosse nach 1–2 Tagen

Geschmack & Verwendung

Mit ihrem fein-herben, nussigen Geschmack sind die Sprossen (am besten roh genießen!) ein Muss für asiatische Gerichte und eine aromatische Bereicherung für allerlei Saucen, Salate, Gemüse und auch Müslis.

Bei der Herstellung von Hummus können sie anstatt von Sesampaste verwendet werden.

Sesamsprossen eignen sich allerdings auch bestens zur Herstellung von selbst gemachter Sesammilch, die weitaus mehr Kalzium enthält als tierische Milch und zudem eine kostengünstige Alternative zu anderen Nussmilchsorten darstellt. Zur Herstellung von Sesammilch die Sprossen gut durchspülen und zusammen mit einigen Datteln, Bourbonvanille, 1 Prise Salz und Wasser im Hochleistungsmixer cremig pürieren. Um den Geschmack zu verfeinern, kannst du einige „aktivierte", also eingeweichte Mandeln oder Cashewkerne hinzufügen. Die Masse anschließend durch eine Nussmilchtasche oder ein Mulltuch drücken. (Gleiches Prinzip wie im Rezept High-5-Vitalmilch, Seite 84).

AngelikA's Tipp

2 Teelöffel Sesamsprossen am Morgen (gründlich kauen und genießen) vertreiben Kummer und Sorgen.

Wichtige Hinweise

Beachte die kurze Keimzeit. Bereits nach 2 Tagen werden die Sprossen leicht bitter und verlieren ihren nussigen Geschmack. Es reicht oft schon, die Sprossen 1 Tag lang keimen zu lassen. So ist ein nicht zu bitterer, samtiger Sesamgeschmack für die kulinarische Verwendung garantiert.

Rezepte

Bliss-Müsli (Seite 162),
Côte D'Azur Rolls (Seite 116)

Sonnen-blume

Der vielseitige Sprossenlieblin

Die Sonnenblume, auch „Goldene Blume" genannt, ist ein *Feel Good Food* und gehört zur Familie der Korbblütler. Aus ihren geschälten Samen werden Sprossen gezogen, aus ihren ungeschälten Samen wächst das wohl schmackhafteste Grünkraut überhaupt.

Inhaltsstoffe

Sonnenblumensprossen enthalten 28 Prozent Protein und alle essenziellen Aminosäuren im idealen Verhältnis, wenig Kohlenhydrate und einen hohen Anteil an ungesättigten Fettsäuren (vor allem Linolsäure und Lecithin). Sie sind wahre Vitalstoffwunder und liefern jede Menge Vitamine (B_1, B_9, B_5, Biotin, D_2 und E), Mineralstoffe (Eisen, Kalzium, Kupfer, Magnesium, Mangan und Zink), Cholin, Betain, Gerbstoffe, Enzyme und Hormone.

Positive Wirkungen auf die Gesundheit

- knochen-, muskel- und nervenstärkend
- schleimlösend in den Bronchien
- steigert geistige und physische Leistungsfähigkeit und die Fruchtbarkeit des Mannes
- unterstützend bei Multiple-Sklerose-Erkrankung
- zellaktivierend, basen- und blutbildend

KEIMINFO

Für Sprossen

Samen: ohne Schale

Einweichzeit: 4–6 Stunden

Keimmethode: Sprossenglas, Sprossensack, feines Sieb, Keimschale

Wässern/Spülen: 2 x täglich

Ernte: nach 1–2 Tagen

Für Grünkraut

Samen: mit Schale

Einweichzeit: 8–16 Stunden

Keimmethode: Keimschale, Etagenkeimgerät, *EasyGreen*, in Erde

Wässern/Spülen: 3–4 x täglich

Ernte: nach 8–12 Tagen

Geschmack & Verwendung

Mit ihrem nussig-zarten Geschmack passen Sonnenblumensprossen bestens ins Müsli, in rohes Brot, in Desserts, Kekse oder rohe Füllungen, Suppen und Saucen. Mit Tamari mariniert, nach Belieben gewürzt und im Dörrautomaten bei maximal 42 °C getrocknet, werden sie zum rohköstlichen Knabberspaß. Das Grünkraut, knackig und nussig, ist ein wahres Highlight für Smoothies, rohe Suppen, Salate, Wraps und Gerichte deiner Wahl.

AngelikA's Tipps

Oft reichen 24 Stunden für die Auskeimung der Sonnenblumensprossen, denn danach können sie leicht bitter werden. Auch das Grünkraut verliert seinen leckeren Nussgeschmack nach dem 12. Keimtag, verwende es also rechtzeitig.

Rezepte

Côte d'Azur Rolls (Seite 116), Bliss-Müsli (Seite 162), Lebensbrot (Seite 140), Meerjungfrauen-Sushi (Seite 148), Oliven-Zwiebel-Bagel (Seite 139), Sonnenschein-Cracker (Seite 142), Sprossen-Sackerl (Seite 118), Wellness-Toast (Seite 126)

Süßlupine

Das Proteinwunder

Die Süßlupine ist nicht giftig, anders als die Lupinen im Allgemeinen. Ihr Name beruht nicht auf einem süßen Geschmack, sondern lediglich auf der Abwesenheit giftiger Bitterstoffe. Die Süßlupine gehört zur Unterfamilie der Schmetterlingsblütler innerhalb der Familie der Hülsenfrüchtler und ist sogar der Sojabohne überlegen, da sie nährstoffreicher und gesünder ist. Für unsere Zwecke eignen sich die australische blaue, schmalblättrige Süßlupine (*Lupinus angustifolius*) und die europäische weiße Lupine (*Lupinus albus*), die sowohl zur Sprosse als auch zu Grünkraut gekeimt werden können.

Inhaltsstoffe

Süßlupinensprossen enthalten alle essenziellen Aminosäuren. Neben den 36 bis 48 Prozent hochwertigstem Eiweiß haben sie einen geringen Anteil an Fett, der zum Großteil aus einfach und mehrfach ungesättigten Fettsäuren besteht und durch die reichlich vorkommenden Carotinoide und Vitamin E vor Oxidation geschützt wird. Süßlupinen enthalten weder Stärke noch Gluten, aber 30 Prozent Ballaststoffe. Sie liefern außerdem Mineralstoffe (Kalzium, Eisen, Kalium und Magnesium) und sekundäre Pflanzenstoffe wie zum Beispiel die beiden Isoflavonoide Genistein und Daidzein, die als krebshemmend, antioxidativ und antimikrobiell gelten. Gute Nachrichten: Sie sind frei von Anti-Nährstoffen wie Purinen, Lektin und Trypsininhibitoren. Das Grünkraut liefert außerdem reichlich Chlorophyll.

KEIMINFO

Für Sprossen

Einweichzeit: 8–12 Stunden

Keimmethode: Sprossenglas, Sprossensack, Keimschale, Etagenkeimgerät, *EasyGreen*

Wässern/Spülen: 2–3 x täglich

Ernte: nach 3–5 Tagen

Für Grünkraut

Einweichzeit: 8–12 Stunden

Keimmethode: Keimschale, Etagenkeimgerät, *EasyGreen*, in Erde

Wässern/Spülen: 2–3 x täglich

Ernte: nach 10–14 Tagen

Positive Wirkungen auf die Gesundheit

- Präbiotisch, verdauungsfördernd, blutdrucksenkend
- reguliert den Blutzucker- und Cholesterinspiegel
- sättigend und hilfreich bei der Gewichtskontrolle
- unterstützend für Muskeln, Haut und Haar

Geschmack & Verwendung

Sowohl die Sprossen als auch das Grünkraut schmecken angenehm nussig und leicht herb. Die Sprossen können ab dem 3. Tag roh verzehrt werden. Du kannst sie auch kurz anbraten, bevor du sie für Aufstriche, Hummus, Salate, Bratlinge etc. verwendest. Sie eignen sich bestens für Eintöpfe und können wie Sojabohnen zu pflanzlicher Milch, Eis, Tofu und Tempeh verarbeitet werden. Das Grünkraut ist geeignet für Salate, rohe Suppen, schmeckt lecker in Wraps und wird als Deko verwendet.

AngelikA's Tipp

Samen, die nicht keimen, immer gleich aussortieren, um Verunreinigung zu vermeiden.

Wichtiger Hinweis

Allergiker aufgepasst! Wer allergisch auf Sojabohnen, Erdnüsse, Erbsen oder grüne Bohnen reagiert, sollte auch bei der Süßlupine vorsichtig sein.

Rezept

Süßlupinenhummus (Seite 120)

Weizen

Die grüne Hoffnung

Das Weizenkorn hat großen Einfluss auf die menschliche Geschichte und steht für großen, weit reichenden Handel.
Es gehört zur Familie der Süßgräser, seine frühzeitlichen Urformen waren Emmer, Spelt, Einkorn, gemeiner Weizen und Zwergweizen. Um die Heilwirkungen des Weizens zu nutzen und das säurebildende, verschleimende Gluten zu vermeiden, lässt du ihn am besten als Gras wachsen.
1 Portion Weizengras (40 bis 45 Gramm für einen Weizengras-„Shot") entsprechen laut Dr. Ann Wigmore 1 Kilo bestem Gemüse. Als gesündere Alternative zu normalen Getreideprodukten und -gerichten kannst du Weizensprossen ziehen und diesem Getreide damit Nährwert mit Mehrwert geben.

Inhaltsstoffe

Das Weizenkorn enthält 12 Prozent Protein, 69 Prozent Kohlenhydrate, sehr wenig Fett und Ballaststoffe (je 2 Prozent). Durch die Keimung steigt der Gehalt an Protein bei Weizensprossen auf 15 Prozent und bei Weizengras auf bis zu 24 Prozent, Gluten hingegen wird abgebaut. Sowohl in Sprossen als auch im Weizengras vervielfacht sich der Gehalt an B-Vitaminen, Vitamin C (um 600 Prozent in Weizengras), E und Mineralien (vor allem Eisen, Kalzium, Magnesium, Phosphor und Zink). Durch die Keimung werden die Anti-Nährstoffe kontinuierlich abgebaut und sowohl Enzyme, pflanzliche Hormone als auch Chlorophyll gebildet.

KEIMINFO

Für Sprossen

Samen: ohne Schale

Einweichzeit: 6–12 Stunden

Keimmethode: Sprossenglas, Sprossensack, Keimschale

Wässern/Spülen: 2 x täglich

Ernte: nach 2–3 Tagen

Für Gras

Samen: mit Schale

Einweichzeit: 8–12 Stunden

Keimmethode: Weizengrassieb, Keimschale, *EasyGreen*, in Erde

Wässern/Spülen: 2 x täglich

Ernte: nach 10–12 Tagen

Positive Wirkung auf die Gesundheit

- verdauungsfördernd und immunsystemstärkend.
- alkalisierend, immunabwehrstärkend, entzündungshemmend, blutreinigend, hoch antioxidativ
- DNA-regenerierend (etwa nach Zellschädigungen durch Röntgenstrahlung/Radioaktivität)
- krebs- und zivilisationskrankheitsvorbeugend
- lindert chronische Darmerkrankungen
- unterstützt Fettzellenabbau

Geschmack & Verwendung

Der cremig süße Weizengeschmack der Sprossen passt wundervoll in rohe Müslis und Brote, in Salate oder als Zugabe in gekochte Gerichte. Das Weizengras eignet sich ideal zum Entsaften und kann entweder pur, mit Wasser verdünnt oder zusammen mit anderen Säften genossen werden. Es schmeckt sehr süß. In sehr geringen Mengen kann es Smoothies hinzugefügt werden.

AngelikA's Tipps

Leider gibt es fast nur noch die von der Industrie entwickelten Hybridsorten. Achte auf die Herkunft des Weizenkorns und scheue dich nicht, dessen Ursorten oder andere Getreidesorten wie Dinkel, Roggen etc. auf die gleiche Weise keimen zu lassen, wie hier beschrieben. Trinke zu Beginn sehr kleine Mengen Grassaft (am besten mit etwas Wasser und Zitronensaft verdünnt), denn der Geschmack und die Wirkung sind sehr intensiv.

Wichtige Hinweise

Die Länge des Keims sollte bei der Sprosse maximal die Länge des Korns erreichen. Bei der Keimung entstehen kleine Faserwurzeln (nicht mit Schimmel zu verwechseln).

Rezepte

Be-Green-Saft (Seite 91), Oliven-Zwiebel-Bagel (Seite 139), Urbrot (Seite 138)

Zwiebel

Die Schutz-Sprosse

Die Zwiebel gehört zu den Lauchgewächsen. Sie keimt gern bei niedrigeren Temperaturen (10 bis maximal 21 °C) und kann entweder als Sprosse oder als Mikrogrün verwendet werden. Das Wachstum geht sehr langsam vonstatten, doch das Ergebnis ist der Mühe wert.

Inhaltsstoffe

Neben vielen Vitaminen (A, B, C), Mineralstoffen (Kalium, Kalzium, Mangan, Phosphor, Schwefel und Zink), Aminosäuren und Enzymen sind vor allem die enthaltenen ätherischen Öle und Allylsulfide (mit herausragenden Wirkungen in der Krebsvorbeugung) erwähnenswert.

Positive Wirkungen auf die Gesundheit

- antiseptisch, antibiotisch und krebsvorbeugend
- entschlackend und verdauungsfördernd
- Schutz des Immun- und Herz-Kreislauf-Systems

Geschmack & Verwendung

Zwiebelsprossen schmecken und riechen wie Frühlingszwiebeln. Ihr aromatisch-pikanter und würzig-scharfer Geschmack passt im Prinzip zu fast allen herzhaften Speisen und durch ihr elegantes Aussehen sind sie besonders schön als Dekoration.

KEIMINFO

Einweichzeit: 8–12 Stunden

Keimmethode:
Sprosse: Sprossenglas, Etagenkeimgerät, Keimschale, *EasyGreen*, Mikrogrün: Keimschale, *EasyGreen*, in Erde

Wässern/Spülen: 2–3 x täglich

Ernte: als Sprosse nach 10–15 Tagen, als Mikrogrün nach 14–21 Tagen

Rezepte

Königliche Hirsehaube im Pilzragout (Seite 146),
Secret Wild Sauce (Seite 130),
Süße Oliven-Zwiebel-Bagel (Seite 139)

Die Rezepte

Einführung

In diesem Kapitel habe ich eine vielseitige Auswahl meiner Sprossen-Lieblingsrezepte für dich zusammengestellt. Von Drinks, Säften und Superfoodsmoothies über rohe und gekochte Suppen, bunte Salate, köstliche Snacks, selbst gemachte Cracker und Brot bis hin zu herrlichen Hauptspeisen und himmlischen Desserts. Hier findet jeder, was ihm schmeckt – egal ob einfache oder kreative Gerichte.

Fühl dich frei, Rezepte nach Belieben abzuwandeln und an deine Vorlieben, Möglichkeiten und das saisonale Angebot anzupassen. Salz und Pfeffer kannst du nach deinem Geschmack dosieren. Auch bei der Dekoration gilt: anything goes. Du kannst sowohl einzelne Rezeptzutaten (Gewürze, Gemüse etc.) als auch Sprossen deiner Wahl zum Garnieren verwenden, ganz nach deiner Façon. Aus diesem Grund habe ich die Deko unter „Zutaten" meist nicht gesondert aufgelistet.

Pflanzliche Küche

Die Rezepte sind zu unserem Besten kreiert. Viele davon sind roh (die Zutaten sind also nicht über 42 °C erhitzt) oder erfordern ein sehr schonendes Kochen. Sie alle basieren auf rein pflanzlichen Zutaten, da uns die Pflanzenwelt – und hier vor allem Sprossen – alles liefern, was wir für eine gesunde Ernährung brauchen. Wir tun damit nicht nur uns selbst einen großen Gefallen, sondern auch den Tieren und unserer Umwelt.

Schritt für Schritt

Höre auf deinen Körper, und achte darauf, wie du dich nach dem Essen fühlst. Iss mehr von dem, was dir guttut, und weniger von dem, was dir nicht guttut. Meine Rezepte dienen dazu, dir das gesunde pflanzliche Gourmet-Paradies näherzubringen, aber „jede Reise beginnt mit dem ersten Schritt", und daher empfehle ich dir, einfach ein Rezept nach dem anderen auszuprobieren und diese neue Art der Nahrungszubereitung step by step für dich zu entdecken und dein Leben damit zu bereichern. So habe ich es auch gemacht.

Roh oder gekocht?

Keine Nahrung ist so lebendig wie frische Sprossen und Keimpflanzen. Bis auf wenige Ausnahmen können alle Sprossen roh verzehrt werden. Roh verzehrt, haben sie eine heilende Wirkung, während bei Temperaturen über 42 °C Enzyme und andere Vitalstoffe zum Teil zerstört werden. *Vorsicht:* Senioren, Schwangere, Kinder und Menschen mit einem sehr schwachen Immunsystem sollten allerdings beim Verzehr von rohen Sprossen sehr achtsam sein. Im Zweifelsfall Sprossen besser kurz blanchieren oder anbraten, um eine zu hohe Keimbelastung zu vermeiden.

Bewusste Auswahl

Für diese Rezepte verwende ich einige Zutaten und Küchenutensilien, die dir vielleicht neu sind. Achte vor allem bei Nüssen und Samen auf Rohkostqualität, um zu gewährleisten, dass diese noch alle Enzyme und Vitalstoffe enthalten. Auch wenn du die Produkte jetzt noch nicht in jedem Geschäft findest, möchte ich dich doch ermutigen, einfach danach zu fragen. Nachfrage bestimmt ja bekanntlich das Angebot, und es gibt keinen Grund, wieso du Produkte verwenden solltest, die weniger geeignet sind, wenn es bereits seit Jahren viel interessantere und gesündere Möglichkeiten gibt. Mehr Informationen zu diesen speziellen Lebensmitteln findest du im Anhang (Seite 171 ff.).
Bevor wir jetzt in die kulinarische Sprossen-Wunderwelt eintauchen, gibt es noch ein kurzes Briefing, das dir als Orientierungs- und Planungshilfe dienen soll.

Küchenfreunde

Hier siehst du, ob und welche der folgenden, etwas spezielleren Küchengeräte du für die Zubereitung brauchst:

- Gemüsehobel
- Hochleistungsmixer
- Küchenmaschine
- Dörrautomat
- Julienneschneider
- Spiralschneider

Weitere Informationen dazu gibt es im Anhang (Seite 170 ff.).

Vorbereitung

Unter diesem Stichwort findest du die genauen Einweich- (linke Spalte) und Keimzeiten (rechte Spalte) für die verschiedenen Sprossenarten, die für das Rezept benötigt werden. Hier sind auch die Einweichzeiten zur „Aktivierung“ der Nüsse und Samen aufgeführt. Diese werden in reinem Wasser im Verhältnis 1 : 4 (zum Beispiel 250 Gramm Nüsse in 1 Liter Wasser) eingeweicht. Cashewkerne im Verhältnis 1 : 3. Vor allem bei längeren Einweichzeiten solltest du das Wasser alle 6 bis 8 Stunden erneuern. Die Einweichzeiten für Nüsse und Samen findest du in der „Sprossenguide-Tabelle“ (Seite 178 ff). Nur bei Cashewkernen wird das Einweichwasser weiterverwendet – sonst generell nicht. Sowohl Sprossen als auch „aktivierte“ Nüsse müssen vor Gebrauch gründlich gereinigt werden.

Hier siehst du auf den ersten Blick, ob es sich bei diesem Rezept um ein Rohkostgericht handelt. Das Symbol ist vor allem relevant, wenn du auf „lebendige“ Ernährung achtest und deine Nahrungsmittel bei der Zubereitung nicht über 42 °C erhitzen möchtest, um alle Inhaltsstoffe und die „Lebendigkeit“ des Lebensmittels zu bewahren.

Ich danke dir für deine Offenheit und Neugier und wünsche dir viel Spaß und genussvolle Momente beim Sprossenziehen und Gerichte-Kreieren! Ich lade dich ein, deine Erfahrungen mit der „lebendigen“ Gourmetküche mit anderen zu teilen, und freue mich, wenn du deine Versionen der Rezepte in unserer Facebook-Community postest (Informationen findest du im Anhang, Seiten 193 und 194).

Drinks

AngelikA's High-5-Vitalmilch

raw

Die einzigartige Kombination aus Quinoa-, Amaranth- und Buchweizenkörnern sowie Sonnenblumenkernen und Mandeln – alle in gekeimter Form – macht dieses Getränk zum absoluten Vitalstoff-Superstar, mit dem keine gekaufte vegane oder tierische Milch mithalten kann!

Ergibt: ca. 1¼ Liter | **Zubereitung:** 5–10 Minuten | **Küchenfreunde:** Hochleistungsmixer, Nussmilchtasche oder Käsetuch

Zutaten

- 20 g Amaranthkörner
- 20 g Quinoakörner
- 20 g Sonnenblumenkerne (ohne Schale)
- 20 g Buchweizenkörner
- 80 g Mandeln
- 3–5 Datteln, entkernt
- ½ TL Vanillepulver
- 1 EL Cashewmus (wahlweise)
- etwas Salz
- 1 l Wasser

So geht's: Alle Zutaten im Hochleistungsmixer etwa 1 Minute fein pürieren. Dann die Flüssigkeit über einer Schüssel in die Nussmilchtasche oder das Käsetuch gießen und gut ausdrücken. Et voilà, schon fertig!

Fülle die Milch in Glasflaschen ab. Sie ist 2 bis 3 Tage im Kühlschrank haltbar. Vor Gebrauch immer gut schütteln.

Anmerkungen: Du kannst der Vitalmilch eine ganz besondere Geschmacksnote verleihen, indem du 1 Zimtstange, 1 Sternanis und 3 Nelken in das Wasser legst, in dem du die Mandeln einweichst. Du wirst überrascht sein, wie lecker das schmeckt. Wenn's mal nur Mandelmilch sein darf, gehst du genauso vor. Anstatt der anderen Sprossen verwendest du einfach mehr „aktivierte" Mandeln.

Tipps: Soll das High-5-Rezept als Basis für Smoothies dienen, kannst du das Püree direkt aus dem Mixer verwenden, ohne die Milch durch eine Nussmilchtasche abzuseihen. Dann machen die Smoothies länger satt.

Die in der Nussmilchtasche zurückgebliebene Masse kannst du im Dörrautomaten trocknen und z. B. für den Teig von Crackern oder Broten verwenden. Anregungen dazu gibt es in vielen Rohkostrezeptbüchern.

Vorbereitung

Einweichen und Keimen:

Amaranthkörner: 30 Min.–4 Std. • 1–2 T.

Quinoakörner: 30 Min.–4 Std. • 12 Std.

Sonnenblumenkerne (ohne Schale): 4–6 Std. • 12 Std.

Buchweizen: 4–6 Std. • 12 Std.

Nur Einweichen:

Mandeln: 8–24 Std.

Probiotischer Berry-Boost

raw

Was für ein Team! Hier ergeben die energiegeladenen Sprossen, die darmfreundlichen probiotischen Bakterienkulturen, die antioxidantienreichen Beeren und die immunstärkenden Holunderblüten einen wahren Superfood-Smoothie. Für Situationen, in denen es mal schnell gehen muss, gibt es auch eine „Quickie"-Version.

Ergibt: ca. 1 Liter | **Zubereitung:** 5–10 Minuten | **Küchenfreund:** Hochleistungsmixer

Zutaten

- 500 ml High-5-Vital- oder Mandelmilch (Seite 84)
- ½ TL Probio-Kultur
- 20–30 g Mandeln
- 1 EL goldene Leinsamen
- 2 Bananen, geschält und in Stücke gebrochen
- 200 g Blaubeeren
- 2 Datteln, entkernt
- 2 TL Kokosmus (wahlweise)
- ¼ TL Vanillepulver
- 5 Eiswürfel
- 1 TL Açaibeerenpulver (wahlweise)
- Minz- oder Melisseblätter (als Deko)

So geht's: Das Probio-Pulver mit einem Löffel in die High-5-Vital- oder Mandelmilch einrühren. Das Ganze in eine Schüssel geben und mit einem Küchentuch abdecken. An einem warmen Ort (maximal 40 °C) 6 bis 18 Stunden stehen lassen. Ihre Säure nimmt dabei ständig zu. „Fertig" ist die Milch, wenn sie dir am besten schmeckt.

Dann die probiotische High-5-Vitalmilch mit den restlichen Zutaten in einem Mixer pürieren, bis alles *smooth* ist. Mit Minz- oder Melisseblättern und Kokosflocken dekorieren und genießen.

„Quickie"-Version: Anstatt die Vital- oder Mandelmilch zu fermentieren, kannst du auch ½ bis 1 Teelöffel probiotische Kulturen verwenden. Statt pflanzlicher Milch kannst du für die nichtfermentierte Schnellversion einfach Wasser oder Kokoswasser nehmen.

Tipp: Für einen extra cremigen Smoothie kannst du auch eingefrorene Beeren und Bananenstücke oder mehr Eiswürfel verwenden. Schmeckt hervorragend mit einer Portion „Bliss Müsli" (Seite 162).

Vorbereitung

Nur Einweichen:

Mandeln: 8–24 Std.

Leinsamen: 15 Min.–6 Std.

Sprossen-Smoothie Basic

raw

Dieses Grundrezept liefert die Basis für köstliche Sprossen-Smoothies in vielen Variationen, je nach deinen Vorlieben und nach saisonalem Angebot an Zutaten. Für diese so vitalstoffreichen Sprossensmoothies gibt es kaum eine leichtere und schnellere Alternative. Auch Kinder lieben sie.

Ergibt: ca. 600 Milliliter | **Zubereitung:** 5–10 Minuten | **Küchenfreund:** Hochleistungsmixer

Zutaten

jeweils zu gleichen Teilen

- Sprossen oder Mikrogrün nach Wahl (z. B. 1–2 Handvoll Rotkleesprossen oder -mikrogrün)
- cremige Frucht (1 richtig reife Banane, geschält und in Stücke gebrochen, oder ½ bis 1 Avocado, entkernt und in Stücke geschnitten)
- anderes Obst (1 Apfel, Pfirsich, Birne, einige Marillen etc.), entkernt und in Stücke geschnitten
- grünes Blattgemüse (Salat, Spinat, Kohl, Kräuter etc.), grob zerkleinert
- Flüssigkeit (300 ml oder mehr Wasser, Nussmilch, Vitalmilch, Kokoswasser etc.)
- Süßungsmittel nach Wahl (getrocknete Früchte, Datteln, Ahornsirup, Kokosblütenzucker, Stevia etc.)

So geht's: Alle Zutaten im Hochleistungsmixer etwa 1 Minute pürieren, in Gläser füllen, dekorieren und genießen.

Tipp: Du kannst auch ein paar Eiswürfel hinzufügen oder eingefrorene Früchte, Beeren etc. verwenden, damit der Smoothie beim Mixen schön kühl bleibt.

Hinweis: Je grüner desto besser. Idealerweise enthalten grüne Smoothies 80 Prozent „Grünes" und 20 Prozent Früchte.

Vorbereitung

Einweichen und Keimen:

Rotklee: 2–6 Std. • 5–14 T.

Rise & Shine-Smoothie

raw

Mit diesem Smoothie ist dir ein guter Start in den Tag garantiert, denn er liefert reichlich Vitalstoffe und Energie. Er ist im Handumdrehen gemacht, und ich finde, dass es kaum einen besseren Weg gibt, so viele Sprossen und gesundes Blattgemüse auf so schmackhafte und einfache Weise zu genießen.

Ergibt: 1–1½ Liter | **Zubereitung:** 5–10 Minuten | **Küchenfreund:** Hochleistungsmixer

Zutaten

- **1 TL Alfalfasamen**
- **2 TL Chiasamen**
- **2–3 Blätter Grünkohl, grob zerkleinert**
- **1 Apfel, entkernt und in Stücke geschnitten**
- **150 g Erdbeeren**
- **1 kleine Banane, geschält und in Stücke gebrochen**
- **250 ml Kokoswasser oder Wasser, in Würfel eingefroren**
- **½ TL Vanillepulver**
- **Petersilie oder Koriandergrün (nach Geschmack)**
- **Lucumapulver (nach Geschmack)**
- **etwas Bio-Zitronensaft und -abrieb (nach Geschmack)**
- **300–500 ml Wasser (je nach gewünschter Konsistenz)**

So geht's: Alle Zutaten in den Hochleistungsmixer geben. So lang pürieren, bis der Drink schön *smooth* ist. (Das dauert etwa 1 Minute.) Den Smoothie in Gläser füllen und dekorieren, zum Beispiel mit Sprossen, Gojibeeren oder Minzeblättern. Dann genießen und perfekt in den Tag starten.

Tipps: Du kannst statt Grünkohl auch Schwarz- oder Spitzkohl (der Erste etwas kräftiger, der Zweite etwas milder im Geschmack) oder ein anderes Blattgemüse deiner Wahl verwenden. Für mehr Süße einfach noch 1 Banane, getrocknete Früchte oder etwas Stevia hinzufügen. Als Einlage passt gekochter Quinoa perfekt dazu. Diesen solltest du vor dem Kochen 4 bis 6 Stunden einweichen.

Vorbereitung

Einweichen und Keimen:

Alfalfasamen:
8–12 Std. • 7–12 T.

Nur Einweichen:

Chiasamen:
15 Min.–6 Std.

Fit & in Form-Smoothie

raw

Dieser Vitalstoff-Champion liefert extrem hochwertiges und für den Körper leicht verwertbares Eiweiß. Dazu versorgt er dich mit ausreichend Energie, unterstützt den Muskelaufbau und die Regenerationsfähigkeit deines Körpers. Die besten Voraussetzungen für ein fittes und bewegtes Leben.

Ergibt: 1–1½ Liter | **Zubereitung:** 5–10 Minuten | **Küchenfreund:** Hochleistungsmixer

Zutaten

- 2 TL Alfalfasamen
- 2 EL Sonnenblumenkerne (ohne Schale)
- 2 TL Chiasamen
- 20 g Mandeln
- 2 Bananen, geschält und in Stücke gebrochen
- 1 kleiner Apfel, entkernt und in Stücke geschnitten
- 1–2 Grünkohlblätter, grob zerkleinert
- 1 Handvoll Babyspinat, grob zerkleinert
- 250 ml Kokoswasser oder Wasser, in Würfeln eingefroren
- 8–10 Physalisbeeren (getrocknet)
- 1–2 Stängel Pfefferminze
- 2 EL geschälte Hanfsamen
- 1 TL Lucumapulver
- 1 TL Macapulver

So geht's: Alle Zutaten in den Hochleistungsmixer geben und so lang pürieren, bis der Drink schön *smooth* ist – mit einem Hochleistungsmixer dauert es etwa 1 Minute. Als Deko bieten sich wie gewohnt fast alle Zutaten an.

Vorbereitung

Einweichen und Keimen:

Alfalfasamen: 8–12 Std. • 7 T.

Sonnenblumenkerne (ohne Schale): 4–6 Std. • 1 T.

Nur Einweichen:

Chiasamen: 15 Min.–6 Std.

Mandeln: 8–24 Std.

Be-Green-Saft

raw

Dieser Saft gibt Power und Lebendigkeit. Er hilft dir, auf zellulärer Ebene gesund zu sein, und wirkt wahre Wunder für dein Wohlbefinden. Ein *must have.* Trink den Saft auf leeren Magen, ohne gleich danach zu essen, so nimmt dein Körper die Nährstoffe am leichtesten auf.

Ergibt: 1 Liter | **Zubereitung:** 15 Minuten | **Küchenfreund:** Entsafter

Zutaten

- **2 TL Brokkolisamen**
- **40 g Weizen-, Dinkel- oder Gerstenkörner**
- **2–3 große Äpfel, entkernt und in Stücke geschnitten**
- **2 Salatgurken, in Stücke geschnitten**
- **4 Stangen Staudensellerie, in Stücke geschnitten**
- **2–4 Blätter Grünkohl, grob zerkleinert**
- **1 kleines Stück Zitrone, geschält**
- **1 kleines Stück Ingwer**

So geht's: Alle Zutaten entsaften und den Saft genießen.

Wichtig: Am besten ist der Saft für dich, wenn du ihn sofort oder spätestens nach 30 Minuten trinkst. Das so gesunde Chlorophyll und andere Vitalstoffe zerfallen nämlich recht schnell.

Tipps: Falls dir der Saft am Anfang noch zu „grün" ist, gib einfach mehr Früchte dazu oder trink ihn verdünnt. Du kannst diesen Drink auch mit anderen saisonalen Obst- und Gemüsesorten wie Orangen zubereiten. Deiner Fantasie sind hier keine Grenzen gesetzt. Ich entsafte Weizengras meist in größeren Mengen und friere den Saft zu Weizengras-Eiswürfeln ein, die ich dann in meine grünen Smoothies oder einfach in ein Glas Wasser mit Zitrone gebe.

Vorbereitung

Einweichen und Keimen:

Brokkolisamen:
8–12 Std. • 5–14 T.

Weizen-, Dinkel-, Gerstenkörner:
8–12 Std. • 10–12 T.

Suppen

Kohlrabi-Kiss-Cremesuppe
Rohköstlicher Frischegenuss

Grüne Kraftsuppe
Express-Tankstelle für extra Energie

Angi' s kleine, feine Yogisuppe
Ganz entspannt im Hier und Jetzt

AngelikA' s flüssiges Gold
Soulfood zum Verwöhnen

Femme-Divine-Cremesuppe
Erwecke die Göttin in dir

Kohlrabi-Kiss-Cremesuppe

raw

Diese Suppe wird nicht gekocht. Kohlrabi-Kiss ist eine erfrischende Vitalstoff-Sinfonie. Die Radieschensprossen geben ihr eine köstliche, leichte Schärfe, die perfekt mit der fruchtigen Süße der Cranberrys und den ätherischen Ölen des Thymians und der abgeriebenen Zitronenschale harmoniert.

Ergibt: 4–6 Portionen | **Zubereitung:** 10 Minuten | **Küchenfreund:** Hochleistungsmixer

Zutaten

1 TL Rotkleesamen
50 g Cashewkerne
350 g Kohlrabi, geschält und in Stücke geschnitten
½ kleine weiße Zwiebel, in Stücke geschnitten
1 Knoblauchzehe, grob gehackt
1 EL Mandelmus
1½ EL Apfelessig
1 EL Ahornsirup
1 EL Kokosöl
1 EL Traubenkernöl
1 TL Senf
1 EL Edelhefeflocken
1 TL Gemüsesuppenwürze
etwas Bio-Zitronen-schale, abgerieben (nach Geschmack)
etwas Salz
Pfeffer, gemahlen (nach Geschmack)
250 ml Kokosnussmilch
Wasser

Fortsetzung Zutaten rechts

So geht's: Alle Zutaten im Hochleistungsmixer pürieren, bis eine homogene cremige Suppe entsteht. Je nach gewünschter Konsistenz mehr oder weniger Wasser hinzugeben. Anrichten, mit Sonnenblumengrünkraut, Cranberrys und frischem Thymian dekorieren … und sich von dem himmlischen Geschmack küssen lassen. Du kannst diese Suppe auch in den Kühlschrank stellen, bevor du sie isst. Wenn du die Suppe wärmer genießen möchtest, verwende einfach warmes Wasser.

Kreativer Tipp: Überrasche deine Lieben doch mit einem selbst gemachten Staudensellerie-Löffel. Hierfür die Selleriestangen auf die passende Länge kürzen und das breitere Ende zu einem Löffel schneiden.

Vorbereitung

Einweichen und Keimen:

Rotklee-, Radieschensamen: 8–12 Std. • 5–7 T.

Nur Einweichen:

Cashewkerne: 4–6 Std.

Fortsetzung Zutaten

Topping:

TL Radieschensamen
1 EL Cranberrys, getrocknet
1 EL frischer Thymian

Grüne Kraftsuppe

raw

Diese Suppe baut auf und gibt viel Energie! Die Sprossen der Sonnenblumenkerne zählen deshalb zu meinen Lieblingen, weil sie sehr angenehm im Geschmack sind. Auch die Suppeneinlage ist ein Highlight und sorgt für ein einzigartiges Geschmackserlebnis.

Ergibt: 4 Portionen | **Zubereitung:** 10 Minuten | **Küchenfreund:** Hochleistungsmixer

Zutaten

- 1 EL Sonnenblumenkerne (mit Schale)
- 30 g Sonnenblumenkerne (ohne Schale)
- 30 g Pinienkerne
- 1 kleine Zucchini, in Stücke geschnitten
- 1 große Avocado, entkernt und in Stücke geschnitten
- 2 Datteln, entkernt
- 1 EL Mandelmus
- 1 EL Zitronensaft
- 1 EL Senf
- 1 EL Tamari
- etwas Suppenwürze
- 3–4 Eiswürfel
- 500 ml Mandelmilch
- frischer Dill (nach Geschmack)

So geht's: Sonnenblumengrünkraut von den schwarzen Schalen befreien und mit den restlichen Suppenzutaten im Mixer fein pürieren.

Tipps: Statt der Zucchini kannst du auch 100 Gramm geschälten frischen grünen Spargel verwenden. Wenn du die Suppe mit einer gröber geschnittenen Einlage bereichern möchtest, kannst du zum Beispiel bunte, fein geschnittene Babyspinatblätter, Petersilie oder Schnittlauch, schwarze Oliven- oder gelbe Paprikastückchen, klein gewürfeltes Avocadofleisch oder gehacktes Sonnenblumengrünkraut verwenden.

Vorbereitung

Einweichen und Keimen:

Sonnenblumenkerne (mit Schale): 8–16 Std. • 8–12 T.

Sonnenblumenkerne (ohne Schale): 4–6 Std. • 1 T.

Angi's kleine, feine Yogisuppe

Aoooohhhhmmmmm! Ich mache immer eine große Menge davon, damit sie für mehrere Tage reicht. So habe ich eine nahrhafte und leicht verdauliche Mahlzeit im Kühlschrank, wenn der Hunger kommt. Darüber hinaus tut sie mir unglaublich gut, denn sie beruhigt und entgiftet.

Ergibt: 6–8 Portionen | **Zubereitung:** 60 Minuten | **Küchenfreund:** Gemüsehobel

Zutaten

- 85 g Mungobohnen
- 3 Stangen Staudensellerie
- 1 Zucchini
- 1 kleine Süßkartoffel
- 2–3 Karotten
- 2 mittelgroße Zwiebeln
- 2–3 Nelken
- 1½ EL Kreuzkümmel
- 2 TL Koriander
- ½ TL Kurkuma
- 2 TL Suppenwürze
- Zitronensaft (nach Geschmack)
- 1 EL Kokosöl
- Ingwer, gerieben (nach Geschmack)
- 2–3 Knoblauchzehen, gerieben
- 2 l Wasser

So geht's: Staudensellerie, Zucchini, Süßkartoffel und Karotten waschen und in Scheiben, die Zwiebeln in feine Ringe schneiden oder hobeln. Das Kokosöl mit Kurkuma etwa 2 Minuten erhitzen, dann die Zwiebelringe hinzufügen. Wenn sie glasig sind, alle anderen Zutaten dazugeben, kurz andünsten und mit Wasser ablöschen. Das Gemüse aufkochen und bei geschlossenem Deckel 15 bis 20 Minuten köcheln lassen. Nun Mungobohnensprossen hinzufügen und weitere 3 bis 10 Minuten köcheln lassen.

Hinweis: Die Kochzeit hängt davon ab, wie groß oder klein du das Gemüse schneidest und ob du das Gemüse und die Sprossen *al dente* oder eher weich gekocht magst.

Vorbereitung

Einweichen und Keimen:

Mungobohnen:
8–24 Std. • 3–4 T.

AngelikA's flüssiges Gold

Diese wärmende und herzhafte Kürbiscremesuppe ist vor allem in der kälteren Herbst- und Winterzeit ein willkommener süß-nussiger, sättigender Begleiter. Mit Kürbiskernen, steirischem Kürbiskernöl und Cashew-Crème-fraîche garniert, schmeckt sie zu selbstgemachtem Brot oder Crackern am besten.

Ergibt: 4 Portionen | **Zubereitung:** 30–40 Minuten | **Küchenfreund:** Hochleistungsmixer

Zutaten

Kürbissuppe

- 3 EL Kürbiskerne
- 500 g Hokkaidokürbis
- 150 g Süßkartoffel
- 1 Schalotte
- 1 Knoblauchzehe, grob gehackt
- 1 Dattel, entkernt
- 2 TL Suppenwürze
- 1 EL Apfelessig
- 1 EL Ahornsirup
- etwas frischer Dill, fein gehackt
- etwas Salz
- 1 Prise Muskatnuss
- Pfeffer, gemahlen (nach Geschmack)
- 1–2 EL Kokosöl
- ¼ l Wasser oder Mandelmilch

Cashew-Crème-fraîche

- 2 EL Cashewmus
- 2 TL Kokosöl
- 1–2 TL Zitronensaft
- 3–4 EL Wasser
- etwas Salz

So geht's: Alle Zutaten für die Cashew-Crème-fraîche zu einer cremigen Masse verrühren. Zum Festwerden in den Kühlschrank stellen.

Für die Suppe Hokkaidokürbis waschen, von allen faserigen Teilen und Kernen befreien und in kleine Stücke schneiden. Süßkartoffeln und Zwiebel schälen und fein würfeln. Kokosöl erhitzen, Zwiebel und Kürbisstücke darin anschmoren. Süßkar-toffeln, Knoblauch und Suppenwürze dazugeben, 3 bis 4 Minuten dünsten. Das Ganze mit etwas Ahornsirup karamellisieren und danach mit Wasser und Essig ablöschen. Mit Pfeffer und Muskatnuss abschmecken. Dattel klein schneiden und dazugeben. Das Ganze aufkochen und dann etwa 25 Minuten bei schwacher bis mittlerer Hitze weich köcheln lassen.

Die Suppe im Mixer pürieren, 2 Esslöffel Cashew-Crème-fraîche und etwas Dill unterrühren, mit Zitronensaft, Salz und Pfeffer abschmecken.

Suppe anrichten und mit den gekeimten Kürbiskernen, Cashew-Crème-fraîche, Kürbiskernöl und Dill garnieren.

Tipp: Der Hokkaidokürbis muss normalerweise nicht geschält werden. Falls die Schale zu dick bzw. hart ist, kannst du sie einfach mit einem Gemüseschäler entfernen.

Vorbereitung

Einweichen und Keimen:

Kürbiskerne:
4–12 Std. • 1–3 T.

Femme-Divine-Cremesuppe

raw

Diese herzerwärmende und wohltuende Suppe schmeckt einfach sagenhaft! Ursprünglich habe ich sie speziell für diese monatlich wiederkehrenden Tage im Leben von uns Frauen entwickelt, in denen wir zusätzliche Nähr- und Vitalstoffe wirklich gut brauchen können. Davon profitieren natürlich auch Männer.

Ergibt: 4 Portionen | **Zubereitung:** 15 Minuten | **Küchenfreund:** Hochleistungsmixer

Zutaten

Suppe

- 20 g Sonnenblumenkerne (ohne Schale)
- 20 g Mandeln
- 3 EL Rosinen
- 250 g Rote Bete, geschält und in Stücke geschnitten
- 50 g Karotten, geschält und in Stücke geschnitten
- 1 Schalotte, geschält und in Stücke geschnitten
- 2 EL Mandelmus
- 1 EL Mandelöl
- 2–3 EL Zitronensaft
- 1 EL Senf
- 1 EL Garam Masala
- 1 TL Kreuzkümmel
- ¼ TL Kurkuma
- 1 EL Tamari
- Ingwer (nach Geschmack)
- 1 EL frischer Thymian
- 500 ml warmes Wasser oder Mandelmilch

Fortsetzung Zutaten rechts

So geht's: Alle Zutaten für die Crème fraîche im Mixer cremig pürieren. Nach Bedarf Wasser hinzufügen. Kühl stellen.

Die Suppenzutaten (mit Ausnahme von Thymian) im Hochleistungsmixer zu einer feinen Creme pürieren. Anschließend mit Thymian abschmecken und wenn nötig noch Flüssigkeit hinzufügen und nachwürzen.

Suppe in Schüsseln geben und mit Cashew-Crème-fraîche, Sonnenblumensprossen, Thymian und „aktivierten" Mandelstücken garnieren.

Vorbereitung

Einweichen und Keimen:

Sonnenblumenkerne (ohne Schale): 4–6 Std. • 1 T.

Nur Einweichen:

Cashewkerne: 4–6 Std.

Mandeln: 8–24 Std.

Rosinen: 2–4 Std.

Fortsetzung Zutaten

Cashew-Crème-fraîche mit Garam Masala

- 50 g Cashewkerne
- 2 EL Kokosöl
- 1–2 TL Zitronensaft
- 1 TL Garam Masala
- etwas Kurkumapulver
- etwas Wasser
- etwas Salz

Salate

LovingLife Salad
Liebeserklärung an das Leben

Sprossen-Splash
Frischekick für jede Gelegenheit

Mango-Tango
Hot & sweet: Die exotische Verführung

Insalata Appassionata
Sinnesfreuden auf Italienisch

Sundream Salad
Erlebe den Himmel auf Erden

LovingLife Salad

raw

Ein schneller und bunter Leckerbissen für den unbeschwerten Genuss! Ein Geschenk der lebendigen Natur, das deine Lebendigkeit fördert! Der LovingLife Salad mit einer Scheibe Lebensbrot (Seite 140) genossen, ist und bleibt mein Picknick-Lieblingsessen.

Ergibt: 2–4 Portionen | **Zubereitung:** 15 Minuten

Zutaten

2 TL Alfalfasamen
20 g Mandeln
½ Handvoll Walnüsse
½ Kopfsalat
etwas grünes Blattgemüse
1 kleiner Apfel
1 Stange Staudensellerie
½ Avocado, entkernt
1 EL Gojibeeren
1 EL Hanfsamen (wahlweise)
1 EL frischer Thymian

Dressing

Secret Wild Sauce mit etwas mehr Flüssigkeit (Seite 130)

So geht's: Salat und grünes Blattgemüse (wie zum Beispiel Babyspinat, Grünkohlblätter oder Lolo rosso) sowie Sprossen waschen, in der Salatschleuder trocknen, zerkleinern. Apfel waschen, entkernen, Sellerie waschen und beides in mundgerechte Stücke schneiden. Avocadofleisch ebenfalls klein schneiden.

Alle Zutaten in eine Schüssel geben, mit dem Dressing vermischen, anrichten und mit Zutaten deiner Wahl garnieren.

Vorbereitung

Einweichen und Keimen:

Alfalfasamen: 8–12 Std. • 7 T.

Nur Einweichen:

Mandeln: 8–24 Std.

Walnüsse: 4–8 Std.

Sprossen-Splash

raw

Gerade in der Sommerzeit bietet sich dieser frisch-fröhliche Salat als leichte Mahlzeit an. Er lässt sich problemlos in großen Mengen zubereiten und darf bei keinem Picknick oder Grillabend fehlen. Hier gibt's zwei Versionen für dich: das Original und eine Quickie-Version für *busy days.*

Ergibt: 4 Portionen | **Zubereitung:** 10–20 Minuten | **Küchenfreunde:** Hochleistungsmixer, Gemüsehobel

Zutaten

Salat

- 2 EL Alfalfasamen
- 2 EL Brokkolisamen
- 2 kleine Salatgurken
- 1 Avocado, entkernt
- ¼–½ Zwiebel
- etwas Salz

AngelikA's Sauce Tartare

- 100 g Cashewkerne
- 35 g Pinienkerne oder Zedernnüsse
- 200 ml Wasser
- 50 ml Olivenöl
- 2 EL Zitronensaft
- 1½ TL Ahornsirup
- 1–2 TL Senf
- ¼ Stange Staudensellerie
- 1 EL rote Zwiebel, grob gehackt
- 1 TL Kapern
- Dill (nach Geschmack)
- etwas Salz

So geht's: *Für die Sauce Tartare* die Cashewkerne gründlich spülen, die Pinienkerne (oder alternativ Zedernnüsse), Zitronensaft, Wasser, Olivenöl, Ahornsirup und etwas Salz im Hochleistungsmixer cremig pürieren. Staudensellerie in Würfel schneiden, zusammen mit Zwiebelwürfeln, Dill und Kapern nur kurz mixen, sodass die Zutaten etwas „stückig" bleiben. Zum Abkühlen in den Kühlschrank oder kurz ins Gefrierfach stellen.

Für den Salat die Sprossen waschen und in einer Salatschleuder trocknen. Gurken in feine Scheiben hobeln und in eine Schüssel geben. Zwiebel klein schneiden, Avocadofleisch in größere Stückchen schneiden. Beides ebenfalls in die Schüssel geben, die Sprossen hinzufügen und alles mischen.

Mit der Sauce Tartare anrichten und dekorieren.

Tipps: Die schnellere Dressing-Variante für dieses Rezept ist die Secret Wild Sauce (Seite 130), die du einfach mit mehr Dill und Senf zubereitest. Dieses Rezept harmoniert bestens mit dem Kräuter-Bliss-Ch'ease (Seite 122 f.).

Vorbereitung

Einweichen und Keimen:

Alfalfasamen:
8–12 Std. • 7 T.

Brokkolisamen:
8–12 Std. • 5–7 T.

Nur Einweichen:

Cashewkerne: 2–6 Std.

Mango-Tango

raw

Mangosalat mit Rote-Bete-Sprossen und süss-säuerlichem Tamarinden, Avocado und dem I'm-hot-Dressing – ein superstylisches Gericht mit der besonderen exotischen Note. Hier geht's heiß her! Ich empfehle ihn besonders als kleine Mahlzeit oder als Vorspeise.

Ergibt: 2 Portionen | **Zubereitung:** 15 Minuten | **Küchenfreund:** Gemüsehobel oder Julienneschneider

Zutaten

Salat

1 EL Rote-Bete-Samen
1 Mango, entkernt
½ Avocado, entkernt
schwarzer Pfeffer, gemahlen (nach Geschmack)
2 Tamarindenfrüchte (als Deko)
Koriandergrün (als Deko)

I'm-hot-Dressing:

1 EL Cashewmus
1 EL Kokosmus
2 EL Kokosöl
1 TL Senf
3–4 EL Limettensaft
5–8 EL Wasser
⅛ TL Kurkuma
1 TL Kokosblütenzucker
etwas Salz
Chili (nach Geschmack)

So geht's: Die auf den Punkt reife Mango schälen und das Fruchtfleisch mit dem Gemüsehobel oder einem Julienneschneider in feine Streifen schneiden und in eine Schüssel geben. Avocadofleisch in feine Würfel schneiden, zu den Mangostreifen geben und mischen. Den Salat nun auf Tellern anrichten, mit Rote-Bete-Sprossen bedecken.

Zutaten für das Dressing in einer Schüssel cremig rühren und über den Salat geben. Die Tamarindenfrüchte schälen, in kleine Teile brechen und zusammen mit Korian-der-grün als Deko verwenden.

Hinweis: Die Mango sollte nicht überreif sein, denn sonst ist sie zu weich für den Julienneschneider.

Tipps: Der Mango-Tango-Salat macht sich besonders gut in kleinen Gläsern auf Partys. Tamarindenfrüchte bekommst du im Asia-Shop. Ersatzweise kannst du auch Datteln verwenden.

Vorbereitung

Einweichen und Keimen:

Rote-Bete-Samen:
8–12 Std. • 6–8 T.

Insalata Appassionata

raw

Ein Salat im *stile italiano* mit neuem Twist! Hier treffen „Veghetti" auf italienische Oliven, nussige Pinienkerne, selbst gemachtes Sprossen-Pesto und leckeres „Käse"-Topping. Serviert in fruchtigen Tomaten, verziert mit gereiftem Balsamico – was für ein Augen- und Gaumenschmaus.

Zubereitung: 20 Minuten | **Ergibt:** 2 Portionen | **Küchenfreunde:** Spiralschneider oder Gemüsehobel, Mixer oder Küchenmaschine

Zutaten

1 TL Kressesamen
1 TL Rucolasamen
1 TL Rotkleesamen
1 kleine Zucchini
2 fleischige Tomaten
1 Handvoll Rucola
ein paar schwarze Oliven (nach Geschmack)
frische italienische Kräuter (Oregano, Basilikum etc.; nach Geschmack)
1 TL Suppenwürze
etwas Zitronensaft

Dressing

alter Balsamico oder Balsamicocreme
AngelikA's Sprossen-Pesto (Seite 133)

„Käse"-Topping

30 g Cashewkerne
30 g Pinienkerne
2 EL Edelhefeflocken
etwas Salz
weißer Pfeffer, gemahlen

So geht's: „Veghetti" – das sind Veggie-Spaghetti – zubereiten. Dazu Zucchini mit dem Spiralschneider zu Spaghetti verarbeiten und mit Suppenwürze mischen. Einige Minuten stehen lassen, bis die Zucchini „schwitzt" und die „Veghetti" weicher werden. In der Zwischenzeit die Kräuterblättchen fein hacken, die Oliven klein schneiden, das obere Viertel der Tomaten abtrennen und den unteren Teil aushöhlen. Alle harten und hellen Stellen des Tomatenfleisches entfernen, den Rest klein schneiden und mit dem Sprossenmix, Veghetti, Oliven, Pinienkernen, AngelikA's Sprossen-Pesto, Zitronensaft und den italienischen Kräutern in einer Schüssel vermischen.

Für das Topping Cashew- und Pinienkerne, Edelhefeflocken, Salz und Pfeffer wenige Sekunden im Mixer zerkleinern.

Die Tomaten mit der Sprossen-Veghetti-Mischung füllen, mit Rucola und Rucolasprossen anrichten und mit dem Topping, Sprossen deiner Wahl und Balsamicocreme garnieren. *Buon appetito!*

Vorbereitung

Einweichen und Keimen:

Kressesamen:
0–6 Std. • 6–8 T.

Rotkleesamen:
8–12 Std. • 5–14 T.

Rucolasamen:
0–15 Min. • 8–14 T.

Sundream Salad

raw

Dieser erfrischende tropische Sprossensalat ist zum Dauerbrenner in meiner Küche geworden und sieht außerdem einfach umwerfend aus, wenn er in einer ausgehöhlten Ananas serviert wird. Die Kombination aus frischesten Zutaten und exotischen Geschmäckern lässt Urlaubsstimmung aufkommen.

Ergibt: 2 Portionen | **Zubereitung:** 25–30 Minuten | **Küchenfreund:** Hochleistungsmixer

Zutaten

Salat

- 60 g rote Linsen
- 2 TL Rotklee- und Brokkolisamen, gemischt
- 1 reife Ananas
- 1 reife Mango, entkernt
- 1 reife Avocado, entkernt
- 2 Stangen Staudensellerie
- Koriandergrün
- Zitronensaft (nach Geschmack)
- Gojibeeren (als Deko)
- Balsamicocreme (als Deko)
- Kokosraspel (als Deko)
- schwarzer Pfeffer (als Deko)

Dressing

- 1 junge Thai-Kokosnuss
- 3 EL Zitronensaft
- 1–2 reife Bananen

Fortsetzung Zutaten rechte Seite

So geht's: *Für das Dressing* alle Zutaten (außer dem Koriandergrün) cremig pürieren. Das Koriandergrün dazugeben und noch einmal ein paar Sekunden mixen. Die Sauce abschmecken und zum Festwerden in den Kühlschrank stellen.

Die Ananas (inklusive Blätter) der Länge nach halbieren und die beiden Hälften aushöhlen. Das Fruchtfleisch ohne den harten Mittelteil klein schneiden und in eine Schüssel geben. Mangofleisch in Dreiecke, Avocadofleisch in Würfel und Selleriestangen in dünne Scheiben schneiden. Alles in eine Schüssel geben, Zitronensaft und die Sprossen dazugeben und alles gut mischen. Dann in die Ananasschalen füllen.

Das Dressing über den Salat geben, mit Koriandergrün und Kokosraspel bedecken und mit Gojibeeren, Balsamicocreme und Pfeffer garnieren.

Vorbereitung

Einweichen und Keimen:

Brokkolisamen: 8–12 Std. • 5–7 T.

rote Linsen: 12 Std. • 5–6 T.

Rotkleesamen: 8–12 Std. • 5–7 T.

Fortsetzung Zutaten

1 Tropfen ätherisches Zitronengrasöl

½ TL Flohsamen

1 TL Suppenwürze

2 TL Currypulver

1 TL Senf

1 Bund Koriandergrün, grob gehackt

Tipps: Falls du statt einer frischen Kokosnuss Kokosmilch nimmst, stelle diese vor Verwendung in den Kühlschrank, sodass sich das Kokoswasser vom festen Kokosfett trennt und du sie separat verarbeiten kannst. Verwende nur vollkommen reife Bio-Früchte für dieses Rezept. Das macht einen entscheidenden Unterschied.

Kleine Mahlzeiten

Côte d'Azur Rolls
So schmeckt der Süden Frankreichs

Sprossen-Sackerl
Leckere Überraschung aus dem Sprossengarten

Lupinen-Hummus Veggie-Cruiser
Das gewisse Etwas für jeden Snack

Kräuter-Bliss-Ch'ease
Cremiger Nusskäse einfach selbst gemacht

Jausenbrot
Der herzhafte Klassiker – neu interpretiert

AngelikA's Wellness-Toast
Die Frische-Oase im Alltagstrubel

Côte d'Azur Rolls

raw

Duftende Kräuter, der mediterrane Geschmack von Oliven, Sprossen und ein Hauch Süße von sonnengetrockneten Tomaten und Datteln ergeben eine vollkommene Komposition. In knackiges Blattgemüse oder Zucchinischeiben gewickelt, sind diese Rolls die perfekte kleine Mahlzeit, die satt macht und Kraft schenkt!

Ergibt: 15–20 Stück | **Zubereitung:** 30–40 Minuten | **Küchenfreund:** Küchenmaschine

Zutaten

Hülle

- Blattgemüse nach Wahl oder Zucchini

Füllung

- 140 g Sonnenblumenkerne (ohne Schale)
- 50 g Buchweizenkörner
- 15 g Sesamsamen (ungeschält)
- 25 g Leinsamen
- 2–3 EL Pinienkerne
- 12 getrocknete, in Öl eingelegte Tomaten
- 10 schwarze Oliven
- 2 Knoblauchzehen, gerieben
- 3–4 EL Artischockenpaste
- 2 EL Senf
- 2 EL Dattelpaste
- 3 EL Zitronensaft
- 2 TL Suppenwürze
- 1 Bund frische Kräuter (Basilikum, Oregano, Thymian)
- schwarzer Pfeffer, gemahlen

Fortsetzung Zutaten rechts

So geht's: *Für die Füllung* Oliven und getrocknete Tomaten klein schneiden, die Kräuter fein hacken. Zusammen mit den restlichen Zutaten in einer großen Schüssel vermischen, abschmecken und einige Minuten in den Kühlschrank stellen.

In der Zwischenzeit die Gemüseblätter deiner Wahl, zum Beispiel rote Mangoldblätter, Rote-Bete-Blätter, Kohlblätter, Spinatblätter, waschen, trocknen und von den harten Teilen befreien. Größere Blätter in zwei Hälften teilen. Auf jedes Blatt 1 bis 2 Esslöffel der Füllung sowie Avocadostreifen und Sprossen geben. Die Blätter aufrollen und wenn nötig mit einem Zahnstocher verschließen. *Et voilà*, fertig zum Anrichten und Dekorieren.

Vorbereitung

Einweichen und Keimen:

Buchweizenkörner: 30 Min.–4 Std. • 1–2 T.

Rotkleesamen: 8–12 Std. • 5–7 T.

Rucolasamen: 0–6 Std. • 6–7 T.

weiße/schwarze Sesamsamen (ungeschält): 2–8 Std. • 1–2 T.

Sonnenblumenkerne (ohne Schale): 4–6 Std. • 1 T.

Nur Einweichen:

Leinsamen: 15 Min.–6 Std.

Fortsetzung Zutaten

Einlage

- 1 Avocado, entkernt und in Streifen geschnitten
- 1 Tasse Rotklee- und Rucolasprossen

Sprossen-Sackerl

raw

Das Sprossen-Sackerl: ein originelles und gesundes Geschenksackerl, über das sich jeder Gast freut! Die besonders originelle „Sauce Surprise" kannst du direkt in die Sackerln füllen oder extra in einer Schüssel servieren.

Ergibt: 12–15 Stück | **Zubereitung:** 25 Minuten | **Küchenfreund:** Gemüsehobel oder Julienneschneider

Zutaten

Sauce Surprise

- Cashew-Crème-fraîche mit Garam Masala (Seite 100)
- ½ TL Chiasamen
- Koriandergrün (nach Geschmack)

Sackerl

- 2 TL Grünkohlsamen
- 2 EL Sonnenblumenkerne (mit Schale)
- 12–15 Blätter Reispapier
- 6 Salatblätter
- ½ Zucchini
- ½ Salatgurke
- 5 Karotten
- 1 rote Paprika
- ¼ Rotkohlkopf
- 1 Bund frische Kräuter nach Wahl (Koriander, Petersilie etc.)
- essbare Blüten nach Wahl
- frischer Schnittlauch

So geht's: *Für die Sauce Surprise* Koriandergrün fein hacken, mit Crème-fraîche und Chiasamen vermischen und kühl stellen.

Für die Sackerl Gemüse und Sprossen waschen und trocknen. Zucchini, Gurke und Karotten mit dem Julienneschneider oder dem Gemüsehobel und Paprika mit einem Messer in feine Streifen schneiden. Den Rotkohl vom Strunk befreien und mit dem Gemüsehobel fein schneiden. Kräuterblätter von den Stielen abzupfen.

Reispapier einige Sekunden in eine große Schüssel mit warmem Wasser tauchen. Sobald es weicher wird, auf einen Teller legen. Sprossen, Gemüsestreifen, Kräuter und Blüten in der Mitte des Reispapiers geben (dabei genügend Platz an den Seiten lassen). Reispapier zu einem Sackerl falten und zuerst mit einer Bastschnur, dann mit einem Schnittlauchhalm umwickeln.

Tipps: Das Einweichwasser für das Reispapier sollte weder zu heiß noch zu kalt sein. Es kann passieren, dass einige Reisblätter reißen, aber du hast den Dreh sicher schon bald raus. Statt Reispapier verwende ich auch gern rohköstliche Kokos-Wraps (siehe Anhang, Seite 172).

Vorbereitung

Einweichen und Keimen:

Grünkohlsamen:
6–12 Std. • 3–5 T.

Sonnenblumenkerne (mit Schale):
8–16 Std. • 8–10 T.

Lupinen-Hummus im Veggie-Cruiser

Hummus kennt jeder. Doch wie wär's mit dieser ganz neuen Variante? Für dieses Rezept verwende ich die noch recht unbekannten, aber unglaublich nährstoffreichen Süßlupinensamen. Egal ob als Appetizer, als Brotaufstrich oder wie hier im Veggie-Cruiser: Dieser Süßlupinen-Hummus zergeht auf der Zunge!

Ergibt: 2 – 4 Portionen | **Zubereitung:** 20 Minuten | **Küchenfreund:** Hochleistungsmixer oder Küchenmaschine

Zutaten

Cruiser

1 große Zucchini

Hummus

200 g Süßlupinensamen
1 Zwiebel
2–3 EL Tahin
3 EL Zitronensaft oder Apfelessig
1 EL Kreuzkümmel
2–3 EL Senf
Knoblauch (nach Geschmack)
2 TL Suppenwürze
1 EL Ahornsirup
½ TL Kokosöl (zum Andünsten)
200 ml Wasser
3 EL Olivenöl (als Deko)
schwarzer Pfeffer (als Deko)
Paprikapulver (als Deko)

So geht's: Zwiebel fein würfeln und mit den Sprossen und Kokosöl in einer Pfanne glasig andünsten, Knoblauch, Suppenwürze sowie ½ Esslöffel Kreuzkümmel hinzufügen, nach 3 Minuten Ahornsirup dazugeben und nach weiteren 3 Minuten mit Wasser und 1 Esslöffel Apfelessig oder Zitronensaft ablöschen. Das Ganze auf niedriger Stufe köcheln lassen, bis die Süßlupinensprossen weich genug sind. Anschließend abkühlen lassen und zusammen mit den restlichen Zutaten in der Küchenmaschine oder im Hochleistungsmixer pürieren, dann abschmecken.

Die Zucchini der Länge nach durchschneiden und das weiche Fruchtfleisch aus beiden Hälften mit einem Löffel herauskratzen. Die Cruiser mit Hummus füllen, mit Olivenöl, Pfeffer oder Paprikapulver garnieren und genießen.

Hält im Kühlschrank etwa 1 Woche.

Tipps: Die Kochzeit ist flexibel (3 bis 20 Minuten) und hängt ganz davon ab, wie dir die Süßlupinensprossen am besten schmecken. Du kannst die Sprossen auch roh verwenden, wenn sie mindestens 4 Tage gekeimt haben. Mir persönlich schmeckt's besser gekocht!

Vorbereitung

Einweichen und Keimen:

Süßlupinensamen:
8–24 Std. • 2–4 T.

Kräuter-Bliss-Ch'ease

raw

Voilà, hier ist mein Rezept für einen rein pflanzlichen „Käse". Ich nenne ihn „Bliss Ch'ease", weil er erstens traumhaft schmeckt *(bliss)* und zweitens *ease* mit sich bringt. Leicht verdaulich und *in peace*, wer braucht da schon *cheese*?

Ergibt: 10–12 Stück | **Zubereitung:** 50 Minuten | **Küchenfreunde:** Hochleistungsmixer, Käsetuch

Zutaten

Bliss Ch'ease, Basis 1

- 200 g Cashewkerne
- 50 g Mandeln
- 30 g Paranüsse
- 30 g Pinienkerne
- 5 Datteln, entkernt
- 1 TL Probio-Kultur

Bliss Ch'ease, Basis 2

- 1 EL Schabziegerkleesamen
- ½ TL Flohsamen
- 4 EL Edelhefeflocken
- 2 Knoblauchzehen
- 2 EL Zitronensaft
- 3 EL Apfelessig
- 1 EL Olivenöl
- 2 EL Kokosöl
- 3 EL Dijon-Senf
- etwas Salz
- ½ TL Pfeffer, gemahlen

Fortsetzung Zutaten rechte Seite

So geht's: Für Bliss Ch'ease, Basis 1, Mandeln häuten, mit den Cashewkernen (und deren Einweichwasser) und den anderen Zutaten (außer der Probio-Kultur) im Hochleistungsmixer pürieren. Danach die Probio-Kultur hinzufügen und das Ganze etwa 5 Sekunden noch einmal durchmixen.

Das Käsetuch in ein Sieb (über eine Schüssel) legen, die pürierte Masse hineingeben, zudecken und beschweren, damit so viel Flüssigkeit wie möglich abtropfen kann. Diese Grundmasse in eine Schüssel geben, mit einem Küchentuch abdecken und 24 bis 48 Stunden ohne direkte Sonneneinstrahlung fermentieren lassen, bis es für dich reif genug ist.

Bliss Ch'ease, Basis 1, dann mit den Zutaten für Bliss Ch'ease, Basis 2, in einem Mixer pürieren, bis eine homogene Masse entsteht.

Die Hälfte des Dills (mit Stängeln), der Dillsprossen, der Pinienkerne und der entkernten Oliven dazugeben und das Ganze nochmals wenige Sekunden mixen. Abschmecken und mindestens 4 Stunden oder über Nacht zum Festwerden in den Kühlschrank stellen.

Vorbereitung

Einweichen und Keimen:

Schabziegerkleesamen: 6–12 Std. • 12 T.

Nur Einweichen:

Cashewkerne: 4–6 Std.

Mandeln: 12–24 Std.

Fortsetzung Zutaten

Add-In:

1 EL Dillsamen

50 g Pinienkerne

10 schwarze griechische Oliven, entkernt

1 Bund Dill

Nach der Ruhezeit die andere Hälfte der Kräuter, Pinienkerne sowie Oliven fein hacken und in den Bliss Ch'ease einkneten.

Nach ein paar weiteren Stunden im Kühlschrank ist der Ch'ease verzehrfertig. Gekühlt hält er sich 1 bis 2 Wochen.

Kreativ-Tipp: Bliss-Ch'ease-Blume: Dazu ¼ bis ½ Teelöffel Agar-Agar-Pulver in 100 Millilitern Mandelmilch oder Wasser aufkochen, abkühlen lassen (ohne dass es hart wird) und untermischen. Eine flexible Form deiner Wahl mit Olivenöl bestreichen, mit Ch'ease füllen und in den Kühlschrank stellen. Der Ch'ease sollte sich leicht aus der Form lösen, jedoch weder zu hart noch zu weich sein.

Jausenbrot

raw

Das Jausenbrot ist die perfekte kleine Mahlzeit, ganz egal welche Sprossen und Aufstriche du gerade zu Hause hast. Als Inspiration habe ich hier zwei meiner Lieblingsvarianten für dich und diese kannst du ganz an deine Vorlieben und Möglichkeiten anpassen.

Ergibt: 4 Jausenbrote pro Variante | **Zubereitung:** 10 Minuten

Zutaten

- je 4 Scheiben rohköstliches Brot nach Wahl für beide Varianten
- Pfeffer (nach Geschmack)
- Deko nach Wahl

Kräuter-Jausenbrot

- 4 EL Kräuter-Bliss-Ch'ease (Seite 122)
- 3–4 Cocktailtomaten
- 12 Gurkenscheiben
- 1 TL Rucolasamen

Radieschen-Kresse-Jausenbrot

- 1 Avocado, entkernt
- 2 EL Zitronensaft, frisch gepresst
- 1 Prise Suppenwürze oder Kräutersalz
- 3–4 frische Radieschen
- 1 TL Kressesamen

So geht's: *Variante 1:* Cocktailtomaten in Scheiben schneiden. Die Brotscheiben mit Kräuter-Bliss-Ch'ease bestreichen und mit Gurken-, Cocktailtomatenscheiben und Rucola-Mikrogrün belegen.

Variante 2: Radieschen in Scheiben schneiden. Das Fleisch der Avocado mit einer Gabel zerdrücken, Zitronensaft und Suppenwürze dazugeben, alles gut vermischen und den Aufstrich auf die Brotscheiben geben. Anschließend mit Radieschenscheiben und Kresse-Mikrogrün belegen.

Deko: Du kannst die Brote auch mit weiteren Zutaten wie essbaren Blüten oder anderen Sprossen dekorieren und mit etwas gemahlenem Pfeffer bestreuen.

Vorbereitung

Einweichen und Keimen:

Kressesamen:
0–6 Std. • 6–8 T.

Rucolasamen:
0–15 Min. • 8–14 T.

AngelikA's Wellness-Toast

raw

So kennt man den Toast bislang noch nicht: Natürlich und kreativ bringt er uns von Well-Being zu Wonderful-Being! Er schmeckt erfrischend leicht und wirkt angenehm sättigend. Für mich ist das der perfekte Lunch, und du kannst ihn mit anderen Sprossen, Aufstrichen und Saucen deiner Wahl genießen.

Ergibt: 2 Portionen | **Zubereitung:** 10 Minuten

Zutaten

- 1 TL Rotkohlsamen
- 1 EL Sonnenblumenkerne (mit Schale)
- 4 Scheiben AngelikA's Lebensbrot (Seite 140)
- 6–8 EL Green-Peace-Dip (Seite 132)
- 2–4 Salatblätter
- ¼ Salatgurke
- ¼ kleine Zwiebel
- ½ kleine Avocado, entkernt
- 2 TL Senf
- 1–2 EL Pistazien
- 3 EL Sauce Tartare (Seite 106)
- Pfeffer, gemahlen (nach Geschmack)
- Secret Wild Sauce (Seite 130; nach Belieben)

So geht's: Gurke, Zwiebel und Avocadofleisch in Scheiben schneiden. 2 Scheiben des Lebensbrots mit dem Green-Peace-Dip bestreichen, dann mit den Gemüsescheiben belegen, etwas Sauce Tartare daraufgeben und beliebig mit den anderen Zutaten garnieren. Zuletzt mit den beiden anderen Scheiben Lebensbrot bedecken. Genießen!

Hinweis: Bei der Zubereitung des Lebensbrots formst du einfach Quadrate in Toastbrotgröße. Du kannst auch Essener-Brot (rohköstlich) oder glutenfreies Toastbrot für dieses Gericht verwenden.

Tipps: Anstatt Sauce Tartare kannst du auch die Schnellversion der Secret Wild Sauce verwenden. Wirklich bequem ist's, wenn du das Lebensbrot zum Beispiel einmal im Monat und den Aufstrich für die ganze Woche zubereitest, denn dann ist dieses Rezept im Handumdrehen fertig.

Vorbereitung

Einweichen und Keimen:

Rotkohlsamen:
6–12 Std. • 3–14 T.

Sonnenblumenkerne (mit Schale):
8–16 Std. • 8–12 T.

Dips, Aufstriche, Saucen

Secret Wild Sauce
Allrounder mit dem besonderen Touch

Green-Peace-Dip
Zum Eintauchen und Abheben

AngelikA' s Sprossen-Pesto
Bunt, mediterran, a mio gusto

AngelikA' s Sprossensenf
Das I-Tüpfelchen auf jedem Teller

Waldriesen-Aufstrich
Für alle, die groß und stark werden wollen

Secret Wild Sauce

raw

Sie ist eine wahre Bereicherung für fast jedes Gericht, herausragend im Geschmack, in Rekordzeit zubereitet und lässt sich auch als Dip oder Dressing verwenden. Was sie so „wild" macht, ist der wilde Pfeffer aus Madagaskar und was sie *secret* macht, ist das noch wenig bekannte Eiersalz „Kala Namak".

Ergibt: 1 Portion | **Zubereitung:** 5 Minuten

Zutaten

- 1 EL Angi's Sprossensenf
- 1 Knoblauchzehe, gerieben
- 2 EL Olivenöl (wahlweise)
- 1 TL Kokosblütenzucker
- 150 g Cashewkerne
- 2 EL Zitronensaft
- 1 EL Apfelessig
- 2 EL Edelhefeflocken
- etwas Kala-Namak-Salz
- wilder Madagaskar-Pfeffer, gemahlen (nach Geschmack)
- 200 ml Wasser
- 1 TL Suppenwürze

So geht's: „Aktivierte" Cashewkerne gründlich mit Wasser spülen und mit den restlichen Zutaten im Hochleistungsmixer cremig pürieren. Nachwürzen, abschmecken und anschließend zum Festwerden in den Kühlschrank stellen.

Tipp: Dieses Rezept ist die ideale Basis für ein Salatdressing. Füge einfach mehr Flüssigkeit deiner Wahl (zum Beispiel Wasser, Zitronensaft, Apfelessig und/oder Öl) hinzu. Mit deinen Lieblingskräutern und -gewürzen kannst du dieser Sauce deinen ganz persönlichen Touch geben.

Geheimtipps: 1 Schuss Trüffelöl dazu macht sie noch „gschmackiger". Etwa ½ Teelöffel Probio-Kulturen dazugeben, so wird die Sauce durch die Fermentation „käsiger" im Geschmack und hält sich 7 bis 10 Tage.

Quick-Version: Statt der Cashewkerne mit Einweichwasser etwa 3 Esslöffel Cashewmus verwenden. Jetzt ist weniger Wasser nötig. Nur so viel davon verwenden, bis die gewünschte Konsistenz erreicht ist.

Vorbereitung

Nur Einweichen:

Cashewkerne: 2–4 Std.

Green-Peace-Dip

raw

Ein himmlischer Dip! Da ich anfangs nicht unbedingt ein Fan von Erbsensprossen und -mikrogrün war, wollte ich ein besonders leckeres Rezept mit diesen Keimlingen kreieren. Die Mission war erfolgreich. Beide Varianten des Rezepts sind eine wahre Sensation. „Mehr *Green Peace,* please!"

Ergibt: 3–4 Portionen | **Zubereitung:** 10 Minuten | **Küchenfreund:** Mixer oder Küchenmaschine

Zutaten

150 g grüne Erbsen
2 TL Chiasamen
1 große Avocado, entkernt und in Stücke geschnitten
20 g Macadamianüsse
½ Zwiebel, in Würfel geschnitten
1–2 Knoblauchzehen, grob gehackt
30 g Dattelpaste
2 EL Apfelessig
2 EL Zitronensaft
2–3 TL Senf
1 EL Kokosöl
1 EL Macadamia-, Mandel- oder Sonnenblumenöl
1 TL Suppenwürze
1 Bund Koriandergrün, grob gehackt
etwas Salz
weißer Pfeffer, gemahlen

So geht's: *Sprossenvariante* – Die Erbsensprossen vor der Zubereitung kurz andünsten, abkühlen lassen und mit den restlichen Zutaten, bis auf das Koriandergrün und die Chiasamen, im Mixer oder in der Küchenmaschine zu einer homogenen Masse verarbeiten.

Rohköstliche Variante – Anstatt der Erbsensprossen Erbsengrünkraut (10 bis 14 Tage gekeimt) verwenden. Koriandergrün und Chiasamen hinzufügen, noch einmal 5 bis 10 Sekunden mixen und fertig ist der Green-Peace-Dip. Im Kühlschrank 3 bis 5 Tage haltbar.

Tipp: Sind die Erbsensprossen weniger als 4 Tage gekeimt, dünste sie vor der Zubereitung kurz an.

Vorbereitung

Einweichen und Keimen:

grüne Erbsen:
8–24 Std. • 4 T.

Nur Einweichen:

Chiasamen: 15 Min.–6 Std.

AngelikA's Sprossen-Pesto

raw

Nichts ist besser als selbst gemachtes Sprossen-Pesto! Noch dazu ist es wirklich einfach zuzubereiten und passt perfekt zu einer Vielzahl an Gerichten. Das Pesto am besten immer frisch machen oder maximal bis zu drei Tagen im Kühlschrank aufbewahren.

Ergibt: ca. 200 Milliliter | **Zubereitung:** 10–20 Minuten | **Küchenfreund:** Mörser

Zutaten

- **4 TL Basilikumsamen**
- **1 großer Bund Basilikum**
- **50 g Pinienkerne**
- **30 g Cashewkerne**
- **1–2 Knoblauchzehen, gerieben**
- **1 TL frischer Oregano**
- **1 TL frischer Thymian**
- **etwas Salz**
- **2–4 sonnengetrocknete Tomatenstücke (in Öl und Kräuter eingelegt; wahlweise)**
- **150 ml Olivenöl**
- **Pfeffer, gemahlen (nach Geschmack)**

So geht's: Basilikumblätter und -sprossen waschen, mit Küchenkrepp trocknen und klein schneiden. Im Mörser mit Knoblauch, Thymian- und Oreganoblättchen weiterverarbeiten. Pinienkerne dazugeben und in Kreisbewegungen mörsern. Mischung in eine Schüssel geben. Cashewkerne klein hacken und im Mörser mit etwas Olivenöl und wahlweise den getrockneten Tomaten vermischen. Nun die Basilikummasse dazugeben und alles noch einmal gut mörsern. Je nach Geschmack und gewünschter Konsistenz mehr Gewürze und Olivenöl hinzufügen. In einem verschließbaren Glasbehälter im Kühlschrank aufbewahren.

Tipps: Die Pinien- und Cashewkerne kannst du für einen nussigeren Geschmack vor der Weiterverarbeitung kurz in einer Pfanne anrösten. Ich persönlich verwende rohe Kerne, um ihre Vitalstoffe zu erhalten. Wenn's schnell gehen soll, kannst du das Pesto auch in der Küchenmaschine oder im Mixer herstellen, am besten schmeckt's aber von Hand zubereitet.

Vorbereitung

Einweichen und Keimen:

Basilikumsamen:
0–15 Min. • 10–20 T.

AngelikA's Sprossensenf

raw

„Musst du immer überall deinen Senf dazugeben?" – „Ja, und zwar diesen süßlichen Sprossensenf!" Hier ist ein etwas anderes Rezept für selbst gemachten Senf aus Senfsprossen, die du nach Wunsch auch noch mit Kombuchagetränk, dem „Elixier des langen Lebens", fermentieren kannst. Du wirst ihn lieben!

Ergibt: 1 großes Glas | **Zubereitung:** 20 Minuten | **Küchenfreund:** Hochleistungsmixer

Zutaten

- 120 g Senfsamen
- 200 ml Kombuchagetränk oder Wasser
- 30 g Kokosblütenzucker
- 30 g Dattelpaste
- 2 EL Sonnenblumenöl
- 2 EL Apfelessig
- 2 EL Ahornsirup
- 1 kleines Stück Ingwer, fein gerieben
- 2 EL Masala-Currypulver
- 1 EL Kreuzkümmel
- 1 TL Kümmel
- 1 TL Zwiebelpulver
- etwas Salz
- Knoblauchpulver (nach Geschmack)
- Kurkumapulver (nach Geschmack)

So geht's: Die Senfsprossen zum Fermentieren in ein Glas mit dem lebenden (nicht pasteurisierten) Kombuchagetränk oder mit Wasser geben. Das Glas mit einem Küchentuch bedecken und 2 bis 5 Tage an einem Ort ohne direkte Sonneneinstrahlung stehen lassen. Danach ein paar Stunden kühl stellen und im Mixer pürieren. Die Masse in eine Keramik- oder Glasschüssel füllen und 10 Minuten zur Geschmacksentwicklung stehen lassen. Wieder in den Mixer geben und zuerst Salz und Essig dazugeben, mischen. Dann mit den restlichen Zutaten noch einmal gut mixen. Je nach Bedarf mehr Kombuchagetränk dazugeben. Abschmecken und in einem verschließbaren Glas im Kühlschrank aufbewahren.

Tipp: Wenn du den Senf ohne Fermentation zubereiten möchtest, pürierst du die Senfsprossen zusammen mit etwa 200 Millilitern eiskaltem Wasser (oder sogar mit einigen Eiswürfeln) in einem Hochleistungsmixer.

Vorbereitung

Einweichen und Keimen:

Senfsamen:
6–8 Std. • 2–3 T.

Waldriesen-Aufstrich

Ob als Appetithäppchen, fürs Jausenbrot oder als köstliche Zugabe für Hauptgerichte – dieser Aufstrich überzeugt durch eine erdige, süß-säuerliche Note. Er schenkt uns sehr viel Eiweiß und Vitalstoffe zum Groß-und-stark-Werden.

Ergibt: 6–10 Portionen | **Zubereitung:** 25 Minuten | **Küchenfreund:** Mixer oder Küchenmaschine

Zutaten

- 30 g Kichererbsen
- 70 g französische Linsen oder Belugalinsen
- 75 g Walnüsse
- 1–2 TL Kokosöl
- 1 gelbe Zwiebel, klein gewürfelt
- 2 Knoblauchzehen, gerieben
- 250 g Champignons oder Shiitakepilze, in Scheiben geschnitten
- 2 EL Ahornsirup
- 1 EL Apfelessig
- 20 g Pinienkerne
- 2 EL Cashewmus
- 2 Datteln, entkernt
- 2 EL Trüffelöl oder Olivenöl
- 2–3 EL Balsamico
- 1 EL Dijon-Senf
- 1 TL Suppenwürze
- 1 TL Paprikapulver (geräuchert, wenn möglich)
- 2 TL Sojasauce
- 1 TL Miso (weißes Miso oder Reismiso)

Fortsetzung Zutaten rechts

So geht's: Zwiebelwürfel in Kokosöl glasig andünsten, Champignons bzw. Shiitakepilze, Kichererbsensprossen, Lorbeerblatt, Knoblauch und Suppenwürze hinzufügen und weitere 10 Minuten auf mittlerer Stufe unter ständigem Rühren schmoren. Linsensprossen hinzufügen und das Ganze weitere 5 Minuten dünsten. Mit Ahornsirup karamellisieren und nach 1 Minute mit Apfelessig und 5 Esslöffeln Wasser ablöschen. Bei geschlossenem Deckel 10 Minuten oder länger (je nach Geschmack) köcheln lassen. Umrühren, Lorbeerblatt entfernen und abkühlen lassen. Dann mit den restlichen Zutaten im Mixer oder in der Küchenmaschine (nicht zu fein) pürieren und abschmecken.

Gewünschte Form oder Glas mit etwas Trüffel- oder Olivenöl ausstreichen und Masse hineindrücken. Abdecken und mehrere Stunden oder über Nacht in den Kühlschrank stellen.

Vorbereitung

Einweichen und Keimen:

Kichererbsen: 8–24 Std. • 3–4 T.

Linsen: 8–24 Std. • 3 T.

Nur Einweichen:

Walnüsse: 4–8 Std.

Fortsetzung Zutaten

- 1 Lorbeerblatt
- etwas Salz
- schwarzer oder weißer Pfeffer, gemahlen
- 2 TL Thymian
- 1 kleiner Bund Petersilie (oder Kräuter deiner Wahl)
- Wasser nach Bedarf

Brot & Co.

Urbrot
Jahrtausendealt, doch unübertroffen

Süße Oliven-Zwiebel-Bagel
Schmeckt solo oder mit Begleitung

AngelikA's Lebensbrot
Der locker-leichte Energielieferant

Sonnenschein-Cracker
Bringen die Seele zum Schwingen

Schatz-Schnitten
Mit dem wahren Gold der Maya

Urbrot

raw

Dieses älteste Brot der Welt ist unter den Namen „Essener-" oder „Manna-Brot" bekannt. Es wird sehr lang und bei niedriger Temperatur getrocknet, sodass alle Nähr- und Vitalstoffe sowie Enzyme erhalten bleiben. Es ist leichter verdaulich, gesünder und sättigender als normales Brot.

Ergibt: 6–10 Portionen | **Zubereitung:** 25 Minuten | **Küchenfreunde:** Küchenmaschine, Entsafter oder Hochleistungsmixer, Dörrautomat

Zutaten

Grundteig

300 g Einkorn-, Dinkel-, Kamut-, Roggen-, Weizen- oder Gerstenkörner

30 ml Kombuchagetränk

Weitere Zutaten (nach Geschmack)

Add-Ins wie Leinsamen, Sonnenblumenkerne, Kürbiskerne, geriebene Karotten, Zucchini etc. (maximal 1 Tasse insgesamt)

Gewürze wie Brotgewürzmischungen, Kräuter, etc. (nach Geschmack)

1 Schuss Olivenöl (nach Geschmack)

etwas Salz (nach Geschmack)

So geht's: Die gekeimten Körner in der Küchenmaschine, im Hochleistungsmixer oder im Slow-Entsafter verarbeiten, bis alle Körner zerkleinert sind, der Teig jedoch luftig und nicht zu fein püriert ist. Mit Kombuchagetränk und 1 Schuss Olivenöl ergibt das bereits ein köstliches Basisbrot.

Wahlweise kannst du Add-Ins und Gewürze hinzufügen. Dann den Teig in die gewünschte Form bringen. Das Urbrot im Dörrautomaten ½ Stunde bei etwa 42 °C erhitzen. Danach die Temperatur auf ca. 40 °C reduzieren und das Brot insgesamt 7 bis 16 Stunden (je nach Form und Größe) trocknen. Nach 5 bis 8 Stunden wenden und fertig trocknen.

Hinweis: Glutenfrei sind keimfähiger Nackthafer und Buchweizen. Urbrot ist ungeeignet.

Anmerkung: Je größer das Brot, umso länger braucht es, bis es „durch" ist. Außen wird es fest und innen bleibt es feucht.

Tipps: Ich empfehle dir, kleinere und dünnere Fladenbrote zu formen, denn diese lassen sich am besten trocknen! So kannst du sichergehen, dass die Brote innen nicht zu feucht sind und womöglich verderben. Vermeide zu langes Trocknen. Das Brot sollte angenehm weich sein.

Vorbereitung

Einweichen und Keimen:

Getreidekörner:
6–24 Std. • 2–3 T.

Süße Oliven-Zwiebel-Bagel

raw

Urbrot goes Bagel – und das im *Raw-Style*. Diese Bagel sind bereits eine kleine Mahlzeit für sich, schmecken aber auch lecker als Burgerbrot oder mit einem Aufstrich. Durch das typische Loch in der Mitte werden sie sehr gleichmäßig getrocknet und sind zudem schnell fertig.

Ergibt: ca. 12 Stück | **Zubereitung:** 35 Minuten | **Küchenfreunde:** Küchenmaschine oder Hochleistungsmixer, runde Ausstechform, Dörrautomat

Zutaten

- 300 g Dinkel- und Roggenkörner (oder andere Getreidekörner nach Wahl)
- 30 ml Kombuchagetränk
- 1 EL Sonnenblumenkerne (ohne Schale)
- 1 TL Zwiebelsamen
- 2–3 EL Leinsamen
- 1 kleine rote Zwiebel, in feine Scheiben geschnitten
- 10–15 schwarze griechische Oliven, entkernt
- 3–4 EL Rosinen
- 3 EL Olivenöl
- etwas Salz
- 1 TL Brotgewürz
- 1 EL frischer Thymian
- 1 TL frischer Rosmarin

So geht's: Das gekeimte Getreide in der Küchenmaschine, dem Hochleistungsmixer oder Slow-Entsafter verarbeiten, bis alle Körner zerkleinert sind, der Teig jedoch luftig und nicht zu fein püriert ist, denn sonst kann er nicht gut getrocknet werden. Diese Grundmasse in eine große Schüssel geben.

Die restlichen Zutaten wenige Sekunden im Mixer zerkleinern. Sie sollten sich gut vermischen, jedoch nicht zu fein püriert sein. Diese Mischung zusammen mit dem Kombuchagetränk in die Schüssel mit der Grundmasse geben und alles zu einer homogenen Masse verarbeiten. Aus diesem Teig kleine, runde Bällchen formen. Die Bällchen auf die Dörrfolien legen, flach drücken und mit einem Kreis- oder Apfelausstecher ein Loch in der Mitte ausstechen.

Die Bagel im Dörrautomaten ½ Stunde bei etwa 42 °C erhitzen. Danach die Temperatur auf ca. 40 °C reduzieren und das Brot insgesamt 7 bis 16 Stunden (je nach Form und Größe) trocknen. Nach 5 bis 12 Stunden wenden und fertig trocknen.

Tipp: Du kannst die Rosinen auch unzerkleinert in den Teig geben, so bekommt das Brot einen besonderen Touch. Grundsätzlich gilt: *Anything goes, be creative.*

Vorbereitung

Einweichen und Keimen:

Dinkel-, Roggenkörner: 6–24 Std. • 2–3 T.

Sonnenblumenkerne (ohne Schale): 4–6 Std. • 1 T.

Zwiebelsamen: 6–8 Std. • 10–14 T.

Nur Einweichen:

Leinsamen: 15 Min.–6 Std.

AngelikA's Lebensbrot

raw

Dieses Lebensbrot ist die perfekte Ergänzung für jeden Salat, superpraktisch zum Mitnehmen und sollte auf keiner Reise fehlen, denn da kann es zum Überlebensbrot werden. Du kannst es wochen- und monatelang aufbewahren und hast somit immer einen nährenden Knabberspaß auf Lager.

Ergibt: ca. 10–15 Stück | **Zubereitung:** 30–40 Minuten | **Küchenfreunde:** Küchenmaschine, Gemüsehobel, Dörrautomat

Zutaten

- 1 EL Alfalfasamen
- 300 g Buchweizenkörner (ohne Schale)
- 2 EL Sonnenblumenkerne (ohne Schale)
- 4 EL Leinsamen
- 1 Zucchini
- 2 Karotten
- ¼–½ Zwiebel, grob gewürfelt
- 1 Stück Ingwer
- 2–4 Datteln, entkernt
- 2 TL Tahin
- 1–2 TL Probio-Kultur
- 30 ml Kombuchagetränk
- 3 EL Olivenöl
- 2 TL Brotgewürz
- 1 EL Kümmel
- 1 TL Flohsamen
- 1 Prise Kurkuma
- etwas Salz

So geht's: Ingwer schälen und fein reiben. Karotten und Zucchini mit dem Gemüsehobel fein hobeln. Die Gemüsemasse mit den restlichen Zutaten in der Küchenmaschine gut verarbeiten, bis ein homogener, jedoch nicht zu feiner Teig entsteht. Diesen gleichmäßig (1 bis 2 Zentimeter dick) auf den Dörrfolien ausstreichen und beliebig formen.

Zum Trocknen im Dörrautomaten gilt die gleiche Anleitung wie beim Urbrot (Seite 138).

Das fertige Brot am besten in Küchenkrepp einwickeln und in einem luftdichten Behälter im Kühlschrank aufbewahren.

Hinweise: Die genaue Trockendauer hängt von der Größe und Höhe deines Lebensbrots ab. Magst du es crunchy, kannst du auch dünnes Crackerbrot aus dem Teig machen.

Tipps: Eine perfekte Zutat für dieses Rezept ist übrig gebliebene Karottenpulpe aus dem Entsafter. Ist das Lebensbrot einmal zu hart geworden, gib einige Stunden lang ein paar Apfelstücke in die Aufbewahrungsdose (wie bei Lebkuchen), so wird das Brot wieder weicher.

Vorbereitung

Einweichen und Keimen:

Alfalfasamen:
8–12 Std. • 7 T.

Buchweizenkörner (ohne Schale):
30 Min.–4 Std. • 1–2 T.

Sonnenblumenkerne (ohne Schale):
4–6 Std. • 1–2 T.

Nur Einweichen:

Leinsamen: 15 Min.–6 Std.

Sonnenschein-Cracker

raw

Die Sonnenschein-Cracker sind ideale Reisebegleiter und machen sich auch hervorragend als Ergänzung zu Salaten oder Snacks. Du kannst sie leicht und lange lagern, weshalb ich gern größere Mengen zubereite und im Gefrierfach aufbewahre.

Ergibt: 40–50 Stück | **Zubereitung:** 30 Minuten | **Küchenfreunde:** Küchenmaschine oder Hochleistungsmixer, Dörrautomat

Zutaten

- 30 g Sonnenblumenkerne (ohne Schale)
- 1 EL Fenchelsamen
- 200 g Leinsamen
- 50 g Chiasamen
- 300 g Karottenpulpe (vom Entsafter) oder 400 g Karotten
- 1 Stück Ingwer
- 4 Datteln, entkernt
- Saft von 1 Zitrone
- Abrieb von 1 Orange
- 2–3 EL Masala Curry
- 1 TL Kurkumapulver oder frische Kurkumawurzel
- 3 EL Kreuzkümmel
- 2 EL Koriander
- 2 TL Suppenwürze
- Kreuzkümmel, Zitronen- und Orangenschalenabrieb (als Deko)

So geht's: Karottenpulpe oder in grobe Stücke geschnittene Karotten, Ingwer und Datteln zusammen mit dem Orangen- und Zitronensaft in die Küchenmaschine geben und grob zerkleinern. Nun die anderen Zutaten dazugeben und mixen, bis die gewünschte Konsistenz erreicht ist. Den Teig 3 bis 4 Millimeter dick auf den Dörrfolien ausstreichen und mit der stumpfen Seite des Messers gewünschte Cracker-Formen „hineinschneiden". Im Dörrautomaten insgesamt 12 bis 18 Stunden trocknen lassen. Die Cracker nach etwa 8 Stunden umdrehen. Am leckersten schmecken die Sonnenschein-Cracker, wenn sie komplett getrocknet und *crunchy* sind. In einem luftdicht verschlossenen Behälter im Kühlschrank oder Gefrierfach aufbewahren.

Tipp: Bedenke, dass du später nur kleine Mengen der Cracker essen wirst. In ihnen darf ruhig eine schöne Portion Geschmack stecken. Daher nach Belieben nachwürzen.

Vorbereitung

Einweichen und Keimen:

Fenchelsamen:
8–10 Std. • 8–10 T.

Sonnenblumenkerne (ohne Schale):
4–6 Std. • 1 T.

Nur Einweichen:

Chiasamen: 15 Min.–6 Std.

Leinsamen: 15 Min.–6 Std.

Schatz-Schnitten

Eine stylische Alternative zu den allseits bekannten Polenta-Schnitten! Für ein „Vitalstoff-Upgrade“ sorgen hier nicht nur die Quinoasprossen, sondern auch das violette Maismehl. (Dieser Mais gilt als Superfood!) Passend zum südamerikanischen Flair serviere ich diese Schnitten mit Dips, Guacamole oder zu Salaten.

Ergibt: 20–25 Stück | **Zubereitung:** 30 Minuten

Zutaten

25–35 g Quinoakörner
250 g Maisgrieß
250 ml Wasser
250 ml Mandelmilch
2 TL Suppenwürze
1 EL Senf
2 EL Edelhefeflocken
1 TL Kreuzkümmel
1 Prise Muskatnuss
1 Prise Pfeffer
3 EL Kokosöl

Violette Version

20 g Morado-Maismehl

So geht's: Pfanne erhitzen, den Maisgrieß kurz in Kokosöl anrösten, dann Wasser, Mandelmilch und Gewürze hinzufügen. Kurz aufkochen lassen. Maisgrieß auf niedriger Hitze unter ständigem Rühren so lang köcheln lassen, bis das Ganze eine sämige Konsistenz hat. Vom Herd nehmen, Quinoasprossen untermischen und die Masse 1 Zentimeter dick auf Backpapier ausstreichen. Abkühlen lassen, mit Klarsichtfolie bedecken und etwa 2 Stunden kühl stellen. Den Teig danach in die gewünschte Form schneiden oder mit Keksausstechern ausstechen und in Kokosöl knusprig anbraten.

Tipps: *Für die violette Version* fügst du einfach etwas von dem violetten Maismehl dazu, nachdem du den angerösteten Maisgrieß mit Flüssigkeit abgelöscht hast. Der Teig lässt sich auch perfekt zu Quiche-Böden formen.

Vorbereitung

Einweichen und Keimen:

Quinoakörner:
30 Min.–4 Std. • 1–2 T.

Haupt-gerichte

Königliche Hirsehaube im Pilzragout
Edle Krönung jeder Dinnerparty

Meerjungfrauen-Sushi
Für frische, fischfreundliche Gaumenfreude

Wok Adventure
Die schnelle würzige Asia-Pfanne

Süßlupinenlaibchen
Veggie-Patties – herzhaft und doch leicht

Beauty Burger
Fühl dich schön, von innen heraus!

Chili con Sprosse
Caliente y picante, por favor!

Königliche Hirsehaube im Pilzragout

Ein wahrer Hochgenuss! Dieses Gericht schmeckt am besten mit frischen, selbst gesammelten „Schwammerln". Perfekt als Stärkung und Belohnung nach einer Wanderung.

Ergibt: 4 Portionen | **Zubereitung:** 30 Minuten | **Küchenfreund:** Mixer

Zutaten

Hirsehaube

- 250 g Goldhirse
- 50 g Zucchini
- ½ rote Zwiebel
- 1 Knoblauchzehe, gerieben
- 400 ml Wasser oder Vitalmilch (Seite 84)
- 1 EL Cashewmus
- 5 EL Wasser
- 2 EL Apfelessig
- 1 TL Suppenwürze
- bunte Pfeffermischung, gemahlen
- etwas Salz
- etwas Kokosöl

Pilzragout

- 2 weiße Zwiebeln, gewürfelt
- 1 TL Kokosöl
- 300 g Pfifferlinge
- 150 g Steinpilze
- 1 Knoblauchzehe
- 2 TL Suppenwürze
- 1 EL Ahornsirup
- 1 EL Apfelessig
- etwas Wasser

Fortsetzung Zutaten rechts

So geht's: *Für die Hirsehaube* Zwiebel und Zucchini in kleine Würfel schneiden. Zwiebel in Kokosöl andünsten. Dann Zucchiniwürfel, Hirsesprossen, Knoblauch und Suppenwürze hinzufügen und 3 Minuten schmoren lassen. Mit Wasser oder Vitalmilch ablöschen und gut durchrühren. In einer Schale die restlichen Zutaten verrühren und zu der Hirsemischung in die Pfanne geben. Zuge-deckt 3 bis 6 Minuten auf mittlerer Stufe kochen lassen. Dann bei geringer Hitze die Flüssigkeit verdampfen lassen, bis eine relativ trockene Hirsemasse entstanden ist.

Für das Pilzragout Pilze putzen und in Scheiben schneiden. Zwiebeln in Kokosöl glasig dünsten. Pilze hinzufügen und etwa 6 Minuten bei mittlerer Hitze mitdünsten. Knoblauch reiben, mit Suppenwürze dazugeben und weitere 5 Minuten mitdünsten. Mit Ahornsirup 1 Minute lang karamellisieren und mit Essig und etwas Wasser ablöschen. Die Sauce hinzufügen. Nach kurzem Aufkochen das Ganze 10 Minuten zugedeckt köcheln lassen. Zuletzt die Kräuter unterrühren.

Für die Sauce alle Zutaten (außer Petersilie und Majoran) im Mixer pürieren.

Eine kleine Schüssel mit Olivenöl auspinseln, die Hirsemischung hineinfüllen und auf den Teller stürzen. Mit dem Pilzragout servieren.

Vorbereitung

Einweichen:

Goldhirse: 12–18 Std.

Fortsetzung Zutaten

Sauce

- 4 EL Cashewmus
- 3 EL Apfelessig
- 2 EL Dijon-Senf
- 500 ml Wasser oder Vitalmilch (Seite 84)
- ¼ TL schwarzer Pfeffer, gemahlen
- 1 EL frischer Majoran, gehackt (oder in getrockneter Form)
- 1 EL frische Petersilie, gehackt
- Sprossen (z. B. Zwiebelsprossen) nach Wahl als Dekoration

Meerjungfrauen-Sushi

raw

Ein fischfreundliches Sprossen-Sushi (randvoll mit Eiweiß!) – meine Verbeugung vor all den sympathischen Fischfamilien, die ich unter Wasser (als Meerjungfrau) kennenlernen durfte. Der mineralstoffreiche Kelp gibt diesem Gericht das Meeres-Flair.

Ergibt: 4–6 Rollen | **Zubereitung:** 25 Minuten | **Küchenfreunde:** Mixer oder Küchenmaschine, Gemüsehobel

Zutaten

4–6 Noriblätter

„Spreis" (Sprossenreis)

250 g Sonnenblumenkerne (ohne Schale)
250 g Pastinaken
3 EL Kokosmus
1–2 TL Zwiebelpulver
1 Knoblauchzehe, grob gehackt
3 EL Zitronensaft
2 TL Suppenwürze
½ TL Flohsamen
2 EL Kokosöl

Füllung

200 g rote Linsen
2 Karotten, grob gehackt
3 EL Cashewmus
2 EL Kokosöl
2 EL Apfelessig
1 EL Ahornsirup
1 TL Kelp-Pulver
etwas Salz

Fortsetzung Zutaten rechts

So geht's: Alle „Spreis"-Zutaten in der Küchenmaschine oder im Mixer so weit zerkleinern, dass sie noch ein wenig körnig bleiben. In den Kühlschrank stellen und die lachsfreundliche Füllung auf die gleiche Weise zubereiten und ebenfalls kühl stellen. Paprika, Gurke und Avocadofleisch und die Karotte in Streifen hobeln.

Zur Herstellung der Sushirollen ein Noriblatt auf eine Bambusmatte oder Küchenfolie legen und drei Viertel des Blattes mit „Spreis" bedecken (etwa ½ Zentimeter dick), lachsfreundliche Füllung darüberstreichen, danach alle anderen Zutaten darin einbetten. Von der bedeckten Seite her eng aufrollen. Dabei darauf achten, dass keine Hohlräume zwischen den Zutaten bleiben. Um die Rolle zu verschließen, etwas Tamari auf dem freien Ende des Noriblattes als „Klebstoff" verwenden. Jede Rolle in 6 bis 8 gleichmäßige Stücke schneiden und die Sushi mit eingelegtem Ingwer und Tamari servieren.

Vorbereitung

Einweichen und Keimen:

Alfalfasamen:
8–12 Std. • 7 T.

Rote-Bete-Samen:
8–12 Std. • 6–8 T.

rote Linsen:
8–24 Std. • 3–5 T.

Sonnenblumenkerne (ohne Schale): 4–6 Std. • 12 Std.

Fortsetzung Zutaten

Weitere Zutaten

1 EL Alfalfasamen
1 EL Rote-Bete-Samen
½ gelbe Paprika
½ kleine Salatgurke
1 Avocado, entkernt
1 kleine Karotte
etwas rohes Sauerkraut (nach Geschmack)
1 Handvoll Babyspinat

Sauce und Begleiter

Kokosnuss-Aminos oder Tamari
eingelegter Ingwer

Wok Adventure

Das ist ein sehr leicht und schnell zubereitetes Gericht. Dank der traditionellen *Stir fry*-Zubereitung im Wok bleibt das Gemüse schön knackig. Der Reis wird durch den Keimprozess gut verdaulich.

Ergibt: 4 Portionen | **Zubereitung:** 35 Minuten | **Küchenfreunde:** Gemüsehobel oder Julienneschneider, Mörser oder Mixer

Zutaten

Wok-Gemüse

50 g Mungobohnen
3 Frühlingszwiebeln
1 rote kleine Zwiebel
2 TL Ingwer
1 Knoblauchzehe, gerieben
150 g Shiitakepilze
1 rote Paprika
1 Karotte
1 Handvoll Chinakohl
2–3 EL Tamari
schwarzer Pfeffer, gemahlen (nach Geschmack)
1 TL Kokosöl

Gekochter gekeimter Vollkornreis

200 g Vollkornreis oder roter bzw. schwarzer Reis
ca. 450 ml Wasser
etwas Salz oder Suppenwürze (nach Geschmack)

Fortsetzung Zutaten rechts

So geht's: Den gekeimten Reis mit Wasser und Salz kurz aufkochen und so lang köcheln lassen, bis er durch ist. Je länger der Reis gekeimt hat, umso schneller ist er weich gekocht und desto weniger Wasser braucht er.

Für Living Gomasio die Sesamsprossen zusammen mit etwas Salz mörsern oder mixen.

Für das Wok-Gemüse Frühlingszwiebeln und rote Zwiebel in feine Ringe schneiden. Ingwer schälen und klein hacken. Paprika, Karotte und Chinakohl in kleine Streifen schneiden oder hobeln. Pilze putzen und in feine Scheiben schneiden. Den Wok auf mittlerer Stufe erhitzen. Kokosöl hineingeben und sofort die Zwiebel und die Frühlingszwiebeln, dann nacheinander Knoblauch, Ingwer, Gemüse und Shiitakepilze hinzufügen. Alles etwa 5 Minuten andünsten, bis das Gemüse ein wenig weich geworden und trotzdem noch bissfest ist. Mit Sojasauce ablöschen, mit etwas Pfeffer würzen und nach etwa 1 Minute vom Herd nehmen.

Wok-Gemüse mit Vollkornreis anrichten, etwas Sesamöl und Tamari darübergießen und mit Living Gomasio und Chinakohlsprossen bestreut servieren.

Vorbereitung

Einweichen und Keimen:

Chinakohlsamen:
6–12 Std. • 5–7 T.

Mungobohnen:
8–24 Std. • 3–4 T.

Sesamsamen (ungeschält):
2–8 Std. • 1–3 T.

Vollkornreis:
6–24 Std. • 2–4 T.

Fortsetzung Zutaten

Living Gomasio

4 EL Sesamsamen (ungeschält)
etwas Salz

Topping

1 EL Sesamöl
etwas Tamari
1 TL Chinakohlsamen

Süßlupinenlaibchen

Die harmonische Komposition aus Roter Bete, Süßkartoffel, Süßlupinen- und Belugalinsensprossen, Shiitake (dem Pilz der Langlebigkeit) und „peppigen", frischen Kräutern macht diese Laibchen zum *real deal*. Sie sind die optimale Veggie-Steak-Füllung für köstliche, tier- und menschenfreundliche Burger (Seite 152).

Ergibt: 10–12 Laibchen | **Zubereitung:** 40 Minuten | **Küchenfreunde:** Gemüsehobel oder Küchenmaschine, Dörrautomat

Zutaten

- 100 g Belugalinsen
- 100 g Süßlupinensamen
- 80 g Mandelmehl
- 2 EL goldene Leinsamen
- 140 g Zwiebeln
- 200 g Shiitakepilze
- 300 g Rote Bete
- 150 g Süßkartoffeln
- 1 TL Kokosöl
- 1 EL Tamari
- 3 EL Apfelessig
- 3 TL Suppenwürze
- 2 EL frischer Thymian
- ½ TL frischer Rosmarin
- 2 EL Kreuzkümmel
- ¼ TL Kümmel
- 1–2 TL Ingwer, gerieben
- 1 Orange (Saft und Abrieb)
- 1½ EL Tahini
- 1½ EL Sprossensenf (Seite 134)
- 2 EL Edelhefeflocken
- etwas Salz
- Pfeffer (nach Geschmack)
- 1 EL Flohsamen
- 1 EL Kokosöl (zum Anbraten)

So geht's: Zwiebeln klein hacken, Rote Bete und Süßkartoffeln fein raspeln, Shiitakepilze in feine Scheiben schneiden. Süßlupinensprossen und Belugalinsensprossen klein hacken (wahlweise).

Pfanne erhitzen und Zwiebeln in Kokosöl glasig dünsten. Geraspelte Rote Bete und Süßkartoffeln dazugeben und das Ganze 8 bis 10 Minuten auf mittlerer Hitze schmoren. Shiitakepilze, Süßlupinensprossen, Belugalinsensprossen, Suppenwürze und die Hälfte der Kräuter dazugeben und etwa 8 Minuten lang mitdünsten. Tamari und Apfelessig hinzufügen und alles so lange garen, bis alle Zutaten fast durch sind. Zum Abkühlen in eine Schüssel füllen. Nun die restlichen Zutaten zuerst in einer Schüssel gut vermischen und danach untermengen. Leinsamen uneingeweicht verwenden, damit sie überflüssiges Wasser aufnehmen und die Masse gut binden. Einige Stunden im Kühlschrank ruhen lassen.

Aus der Masse gleich große Laibchen formen und auf mittlerer Stufe 5 bis 7 Minuten in etwas Kokosöl auf jeder Seite vorsichtig anbraten.

Tipps: Die Süßlupinenlaibchen kannst du mehrere Tage im Kühlschrank aufbewahren oder einfrieren.

Vorbereitung

Einweichen und Keimen:

Belugalinsen:
8–12 Std. • 3 T.

Süßlupinensamen:
8–24 Std. • 3 T.

Nur Einweichen:

Mandeln: 8–24 Std.

Beauty Burger

Was diesen Burger so besonders macht, sind die köstlichen Süßlupinenlaibchen (Seite 151) zusammen mit der leckeren Sauce, selbst gemachtem Sprossensenf, knackigem Salat und erntefrischen Sprossen in einem selbst gemachten Bagel (Seite 139). *C'est parfait!*

Ergibt: 4 Burger | **Zubereitung:** 30 Minuten | **Küchenfreund:** Spiralschneider

Zutaten

- 4 Süße Oliven-Zwiebel-Bagel (Seite 139) oder Burgerbrötchen
- 4 Süßlupinenlaibchen (Seite 151)
- 1 TL Radieschensamen
- 8 Salatblätter
- 4 EL AngelikA's Sauce Tartare (Seite 106)
- ½ Avocado, entkernt
- 2 EL Sauerkraut
- 4 EL Sprossensenf (Seite 134)

Rosmarin-Zitronen-„Veghetti"

- 1 kleine Zucchini
- Cashew-Crème-fraîche (Seite 98)
- abgeriebene Schale von 1 Bio-Zitrone
- Saft von ½ Bio-Zitrone
- 1 EL frischer Rosmarin
- 1 TL Suppenwürze

So geht's: Die Zucchini mit dem Spiralschneider zu „Veghetti" – vegetarischen Spaghetti – verarbeiten. Aus den restlichen Rosmarin-Zitronen-„Veghetti"-Zutaten eine Sauce anrühren und mit den „Veghetti" vermischen.

Das Avocadofleisch in Scheiben schneiden. Den Bagel längs halbieren und mit den gebratenen Süßlupinenlaibchen, Rosmarin-Zitronen-Veghetti und den restlichen Zutaten füllen. Mit AngelikA's Sauce Tartare und Sprossensenf anrichten … Fertig ist der Beauty Burger!

Hinweis: Wenn es dir nicht möglich ist, Bagelbrot selbst zu machen, dann tut's auch gekauftes glutenfreies Bagel- oder Burgerbrot.

Tipp: Bricht dein selbst gemachter Bagel oder ist er nicht hoch genug zum Durchschneiden, dann kannst du auch zwei dünnere Bagel verwenden.

Vorbereitung

Einweichen und Keimen:

Radieschensamen:
6–12 Std. • 5–7 T.

Chili con Sprosse

Inspiriert von Südamerika mit der Schärfe des Chilis, der Süße von Karotten und Süßkartoffeln, der Frische von Koriandergrün und Chia-Mikrogrün, dem herzhaften Geschmack der Bohnensprossen und begleitet von Crème fraîche und würzigen Streuseln wird dieses Gericht zum rein pflanzlichen *Soul Food*-Highlight.

Ergibt: 4–6 Portionen | **Zubereitung:** 1 Stunde | **Küchenfreund:** Küchenmaschine oder Gemüsehobel

Zutaten

Chili

- 80 g Adzuki-, Pinto- und schwarze mexi-kanische Bohnen
- 1 TL Kokosöl
- 2 Zwiebeln
- 250 g Süßkartoffeln
- 1 Karotte
- 1 EL Suppenwürze
- 3–4 Knoblauchzehen
- 2 rote Paprika
- 1 gelbe Paprika
- 1 frischer Maiskolben
- Saft von 2 Limetten
- 1 EL Apfelessig
- 500 g fleischige Tomaten
- 3 TL Kreuzkümmel
- 1 TL Chilipulver
- 1 EL Paprikapulver
- 3 Datteln, entkernt
- 2 TL Tamari
- etwas Zimt
- Pfeffer, gemahlen (nach Geschmack)
- etwas Wasser
- 1 Bund frischer Koriander

Fortsetzung Zutaten rechts

So geht's: Zwiebeln, Karotte und Süßkartoffeln schälen und in kleine Würfel schneiden. Paprika und Tomaten grob würfeln, Korianderstängel feinhacken. Knoblauchzehen reiben. Datteln fein hacken. Die Maiskörner vom Kolben lösen.

Kokosöl in einer Pfanne erhitzen, Zwiebeln darin glasig andünsten. Knoblauch, Süßkartoffel-, Karotten- und Paprikastücke dazugeben und das Gemüse auf mittlerer bis hoher Stufe etwa 5 Minuten unter ständigem Rühren dünsten. Suppenwürze, Bohnensprossenmix, Maiskörner und alle Gewürze (vom Koriandergrün nur die gehackten Stängel) hinzugeben und das Ganze weitere 15 Minuten auf mittlerer Stufe dünsten. Dann mit Apfelessig und Limettensaft übergießen und die Tomatenstücke beifügen. Nach 3 Minuten Tamari und Dattelstücke untermischen, alles kurz aufkochen und danach mit geschlossenem Deckel weitere 20 bis 30 Minuten auf mittlerer Stufe köcheln lassen. Wenn nötig immer wieder etwas Wasser dazugeben – zum Schluss das Koriandergrün darüberstreuen.

Das fertige Chili con Sprosse mit Cashew-Crème-fraîche, Chia-Mikrogrün und einer Limettenscheibe servieren.

Vorbereitung

Einweichen und Keimen:

Bohnenmix:
12–24 Std. • 2–4 T.

Chiasamen:
0–6 Std. • 5–14 T.

Fortsetzung Zutaten

Topping

- Cashew-Crème-fraîche (Seite 98)
- 1 TL Chiasamen
- etwas Koriandergrün
- einige Limettenscheiben

Optional als Beilage

- Schatz-Schnitten (Seite 143)

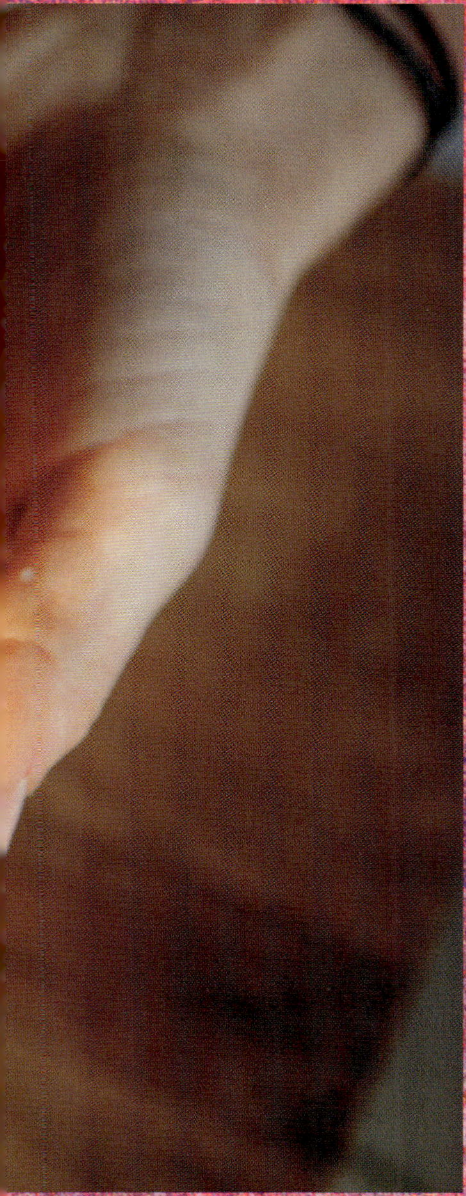

Das süße Leben

Sonnenaufgang-Chiapudding
Mit jedem Löffel geht die Sonne auf

Friedensbällchen
Time to relax and enjoy

AngelikA's Bliss-Müsli
Kreiere dein Signature-Vitalfrühstück

Bliss-Parfait
Das stylish-coole „Joghurt"-Erlebnis

Karamellisierte Crêpes mit Banane
Ein Must-Have: außen crunchy, innen zart

Sonnenaufgang-Chiapudding

raw

Du wirst diesen Pudding lieben! Er macht sich sogar bestens in der Gourmetküche, wenn du deine Gäste einmal so richtig überraschen willst. Die Palette an farbigen, frischen Früchten, die du anstelle der Mango verwenden kannst, ist nahezu unendlich!

Ergibt: 2 Portionen | **Zubereitung:** 5 Minuten

Zutaten

- **4 EL Chiasamen**
- **250 ml Kokoswasser**
- **250 ml Mandelmilch**
- **¼ TL Probio-Kultur**
- **½ TL Vanillepulver**
- **2 TL Gojibeeren**
- **getrocknete Mangostücke (nach Geschmack)**
- **1 reife Mango, entkernt**
- **1 reife Banane, geschält**
- **¼ reife Ananas, geschält**
- **etwas Kokosblütenzucker oder Ahornsirup, „aktivierte" Mandeln und Gojibeeren (als Deko)**

So geht's: Chiasamen, Kokoswasser, Mandelmilch, Probio-Kultur und Vanillepulver gut vermengen. Gojibeeren und in kleine Stücke geschnittene, getrocknete Mango in die Masse hineinrühren.

Das Ganze etwa 4 Stunden bei Zimmertemperatur ziehen lassen oder über Nacht in den Kühlschrank stellen. Danach frisches Obst klein schneiden, daraufgeben, und den Pudding mit „aktivierten" Mandeln, Gojibeeren und etwas Kokosblütenzucker oder Ahornsirup garniert genießen.

Tipp: Dieser Pudding ist übrigens das perfekte Sportlerfrühstück. Dazu kannst du ihn einfach etwas weniger süßen.

Friedensbällchen

raw

Es funktioniert wirklich! Gib die Friedensbällchen jemandem zu kosten und du wirst ein gechilltes „Hmmmmm" hören. Die Zubereitung geht schnell und macht auch Kindern Spaß. Und wenn du mal runterkommen willst: Entspannungsmusik hören und dabei Teig kneten und Bällchen rollen!

Ergibt: 20–25 Bällchen | **Zubereitung:** 15 Minuten | **Küchenfreunde:** Dörrautomat, Hochleistungsmixer oder Küchenmaschine

Zutaten

- 40 g Buchweizenkörner (ohne Schale)
- 200 g Mandeln
- 10 große Datteln, entkernt
- 2 TL Mandelmus
- 2 EL Kokosöl
- 1 EL Kokosblütenzucker
- 1 EL Ahornsirup oder anderes Süßungsmittel
- 1 EL Carobpulver
- ½–1 TL Vanillepulver
- ½ TL Lucumapulver
- etwas Salz

Zum Wälzen:

Kokosflocken, Kokosblütenzucker, Mandelmehl, Carob- oder Lucumapulver

So geht's: Buchweizensprossen 8 bis 9 Stunden und „aktivierte" Mandeln etwa 12 Stunden im Dörrautomaten trocknen, anschließend im Hochleistungsmixer oder in der Küchenmaschine zu Mehl verarbeiten. Den Rest der Zutaten dazugeben und kurz mitmixen, sodass eine homogene Masse entsteht.

Achtung: Vermeide Überhitzung! Aus dem Teig kleine Kügelchen formen und diese je nach Vorliebe in Kokosflocken, Kokosblütenzucker, Mandelmehl, Carob- oder Lucumapulver wälzen. Als Deko bieten sich frische Lavendelblüten an!

Anmerkung: Du kannst die Buchweizensprossen und „aktivierte" Mandeln auch gleich nach dem Einweichen (ohne sie vorher zu trocknen) verwenden und die frischen Friedensbällchen im Kühlschrank aufbewahren oder trocknen.

Tipp: Ich empfehle, die Buchweizensprossen und „aktivierten" Mandeln einmal in größeren Mengen vorzubereiten, damit du sie immer parat hast.

Vorbereitung

Einweichen und Keimen:

Buchweizenkörner (ohne Schale):
30 Min.–4 Std. • 12 Std.–1 T.

Nur Einweichen:

Mandeln: 8–24 Std.

AngelikA's Bliss-Müsli

raw

Dieses Rezept wird dein Frühstücksmüsli revolutionieren! Gesünder und köstlicher geht's einfach nicht! Du kannst alle möglichen Zutaten und Gewürzmischungen verwenden. Ob Apfel-Zimt- oder Haselnuss-Schoko-Müsli, du hast die Wahl. Dieses Müsli ist der perfekte Proviant auf Reisen und für Wanderungen.

Ergibt: ca. 500 Gramm getrocknetes Müsli | **Zubereitung:** 20 Minuten | **Küchenfreund:** Hochleistungsmixer/Küchenmaschine, Dörrautomat

Zutaten

Grundrezept

- **300 g Buchweizenkörner**
- **50 g Kürbiskerne**
- **20 g Quinoakörner**
- **15 g Sesamsamen (geschält)**
- **150 g Sonnenblumenkerne (ohne Schale)**
- **50 g Leinsamen**
- **100 g Mandeln**
- **100 g Rosinen**
- **30 g Walnüsse**
- **35 g Maulbeeren oder Gojibeeren**
- **3–5 Datteln, entkernt**
- **1 EL Mandelmus**
- **1 kleiner Apfel**
- **1 EL Lucumapulver**
- **2 EL Zitronensaft**
- **etwas Wasser (bei Bedarf)**
- **Kokosblütenzucker**
- **1–2 EL Vanille-Proteinpulver in Rohkostqualität (wahlweise)**
- **1 EL Ahornsirup (wahlweise)**

Fortsetzung Zutaten rechts

So geht's: Die halbe Menge der Buchweizensprossen, die Rosinen mit Leinsamen, Datteln, Mandelmus, Kokosöl, Apfel, Lucumapulver, Gewürzen und Zitronensaft im Mixer oder in der Küchenmaschine zu einer Creme pürieren. Eventuell etwas Wasser hinzugeben. Die Masse in eine Schüssel füllen und mit den restlichen Zutaten gut vermischen. Abschmecken und auf Dörrfolie verteilen. 8 bis 12 Stunden bei 40 °C im Dörrautomaten trocknen. Nach 6 Stunden wenden.

Tipp: Dieses Müsli kann auch mit viel weniger Zutaten köstlich schmecken: Buchweizensprossen, Datteln und ein paar „aktivierte" Samen und Nüsse sowie Gewürze deiner Wahl können schon genug sein. Mit frischem Obst oder auf Smoothie, in Joghurt, Mandel- oder Vitalmilch (Seite 84) genießen! *Et voilà*, fertig!

Hinweis: Bliss-Müsli schmeckt auch frisch, das heißt ungetrocknet, hervorragend, zum Beispiel mit etwas Mandelmilch oder dem Probiotischen Berry-Boost – siehe nebenstehendes Foto.

Vorbereitung

Einweichen und Keimen:

Buchweizenkörner (ohne Schale): 30 Min.–4 Std. • 1–2 T.

Kürbiskerne: 4–12 Std. • 1–3 T.

Quinoakörner: 30 Min.–4 Std. • 1–2 T.

Sesamsamen (geschält): 2–4 Std. • 1–2 T.

Sonnenblumenkerne (ohne Schale): 4–6 Std. • 1 T.

Nur Einweichen:

Leinsamen: 15 Min.–6 Std.

Mandeln: 8–24 Std.

Rosinen: 2 Std.

Walnüsse: 4–6 Std.

Fortsetzung Zutaten

Gewürze

- **2 EL Zimt**
- **½–1 TL Nelkenpulver**
- **½–1 TL Sternanispulver**
- **2 TL Vanillepulver**
- **etwas Salz**

Bliss-Parfait

raw

Hier ist das Rezept für einen schnellen veganen „Joghurt" mit Birnen und Feigen. Er schmeckt lecker und wirkt wohltuend und bereichernd! *Enjoy!* In wenigen Minuten kannst du so deinen „Joghurt" für die ganze Woche zubereiten. Perfekt zum Frühstück, Nachmittagssnack oder ohne Früchte auch als Dessert*.

Ergibt: 4–6 Portionen | **Zubereitung:** 15 Minuten | **Küchenfreund:** Hochleistungsmixer

Zutaten

Joghurt

200 g Cashewkerne
100 g Mandeln
6–8 Datteln, entkernt
1 EL Kokosblütenzucker
2 EL Kokosöl
1 TL Vanillepulver
etwas Salz
1 TL Probio-Kultur
ca. 500 ml Wasser

Fruchtschicht

1–2 kleine Birnen
8–10 frische Feigen
½ TL Vanillepulver
20 g „aktivierte" Mandeln, gehackt

Deko

2 TL Fenchelsamen
Melissen- oder Pfefferminzblätter

So geht's: *Für den „Joghurt"* Mandeln mit den gut gespülten Cashewkernen und den restlichen Zutaten (außer der Probio-Kultur) im Hochleistungsmixer cremig pürieren. Probio-Kultur hinzufügen und noch einmal kurz durchmixen. Den „Joghurt" in eine Schüssel füllen, mit einem Küchentuch abdecken und 6 bis 36 Stunden ohne direkte Sonneneinstrahlung stehen lassen. Bei Zimmertemperatur braucht der „Joghurt" etwas mehr Zeit als bei größerer Wärme (nicht über 40 °C). Nach und nach entwickelt sich ein leicht säuerlicher Duft und es bilden sich kleine Luftbläschen. Vor der Verwendung mindestens 1½ Stunden kühl stellen.

*Für die Fruchtschicht** die Birnen entkernen und klein schneiden, die Feigen ebenfalls klein schneiden und beides mit Vanillepulver vermischen.

Den Joghurt in Parfait-Gläser geben, dann Früchte und „aktivierte" Mandeln schichtweise darübergeben. Das Dessert mit Fenchelsprossen und Melissen- oder Pfefferminzblättern dekorieren und genießen!

Tipp: Wenn es mal schnell gehen soll, verwende einfach mehr probiotisches Pulver. Für den typischen säuerlichen Geschmack gibst du etwas Baobabfruchtpulver dazu.

Vorbereitung

Einweichen und Keimen:

Fenchelsamen:
8–10 Std. • 8–10 T.

Nur Einweichen:

Cashewkerne: 2–6 Std.

Mandeln: 8–24 Std.

* Früchte sollten nicht direkt nach dem Essen verzehrt werden.

Karamellisierte Crêpes mit Banane

Sie schmecken so lecker und sind schnell gemacht. Diese Pfannkuchen sind die ideale gluten- und rohrzuckerfreie vegane Version süßer Verführung. Mich haut dieser unglaubliche Geschmack immer wieder um! Mit dem Grundrezept kannst du neutrale Crêpes für würzige Speisen zubereiten, indem du die süßen Zutaten weglässt.

Ergibt: 4–6 Portionen | **Zubereitung:** 25 Minuten | **Küchenfreunde:** Hochleistungsmixer, beschichtete Pfanne

Zutaten

- 250g Buchweizenkörner (geschält)
- 400 ml Wasser
- 1 EL Mandelmus
- 2–3 EL Kokosblütenzucker oder 1–4 Datteln
- 1 TL Vanille-Pulver
- optional: etwas Salz
- etwas Kokosöl zum Anbraten
- etwas Kokosblütenzucker zum Karamellisieren
- 2–3 reife Bananen

So geht's: Buchweizen ordentlich spülen und danach für ca. 20 Minuten in Wasser mit 5 Prozent Zitronensaft geben. Nochmals durchspülen und für 1 bis 4 Stunden in Wasser einweichen.

Den „aktivierten" Buchweizen inklusive Einweichwasser zusammen mit Mandelmus, Kokosblütenzucker oder Datteln und Vanille im Mixer zu einer homogenen Masse verarbeiten.

Den Teig ruhen lassen, während du die Bananen in feine Scheiben schneidest.

In einer beschichteten Pfanne etwas Kokosöl erhitzen und die Crêpes darin auf mittlerer Hitze backen. Wenden, mit Kokosblütenzucker bestreuen und mit Bananenscheiben belegen. Nur ganz kurz backen, bis der Kokosblütenzucker karamellisiert ist.

Option: Mit einer Kugel Eis schmecken die Crêpes besonders lecker.

Tipp: Ist dir der Teig etwas zu dick, füge einfach etwas mehr Mandelmilch oder Wasser dazu, damit die Crêpes dünner werden.

Vorbereitung

Einweichen und Keimen:

Buchweizenkörner (geschält):
1–4 Std. • 0–1 T.

Anhang

Küchenfreunde

Dehydrator

Besser bekannt als Dörrgerät oder Dörrautomat. Er dient zur Konservierung von Lebensmitteln durch Lufttrocknung und wird vor allem in der roh-veganen Küche als Alternative zum Backofen verwendet. Anstatt die Nahrung kurz und hoch zu erhitzen, wird sie im Dehydrator länger und dafür bei niedriger Temperatur zubereitet, sodass wertvolle Enzyme und Vitamine erhalten bleiben. Der Dehydrator eignet sich nicht nur zum Trocknen von allerlei Obst, Gemüse oder Nüssen, sondern auch zum langsamen „Backen" von Cracker, Keksen und Brot. Er verkürzt zudem die Herstellung von Joghurt oder Nusskäse, da er die die Fermentierung ankurbelt.

Entsafter

Er dient dazu, Säfte aus Obst, Gemüse, Kräutern oder Gräsern zu gewinnen. Um deren Gehalt an Vitalstoffen und Enzymen zu bewahren, sollte ein „kauender" Entsafter, auch „Slow Juicer" genannt, verwendet werden. Im Vergleich zu herkömmlichen Zentrifugalentsaftern, die mit einer hohen Drehzahl, erhältst du mit einem „kauenden" Entsafter nicht nur eine deutlich höhere Saftausbeute, sondern auch vier- bis sechsmal mehr Vitalstoffe, die vom Körper optimal aufgenommen werden können.

Gemüsereibe

Sie wird auch als Multireibe oder Multiraspel bezeichnet und umfasst mehrere Aufsätze. Für die Rezepte in diesem Buch wählst du den Aufsatz, mit dem du Gemüse und Obst in feine Streifen schneiden kannst. Alternativ kannst du hierfür den Julienneschäler verwenden.

Hochleistungsmixer

Er wird auch als „Turbomixer" bezeichnet und unterscheidet sich von normalen Mixern vor allem durch seine Kraft und Geschwindigkeit. Die Messer rotieren 25.000- bis 30.000-mal pro Minute. Das sind also bis zu 500 Umdrehungen pro Sekunde.
Dies spielt vor allem dann eine Rolle, wenn wir anstelle von weichem Obst oder Gemüse auch Nüsse, grünes Blattgemüse oder Wildkräuter in den Mixer geben, die einen normalen Standardmixer sehr schnell an seine Leistungsgrenze bringen.

Julienneschäler

Der Julienneschäler ist klein und handlich und du kannst damit Obst und Gemüse einfach und schnell in feine Streifen schneiden. Als Alternative zum Julienneschäler bietet sich die Gemüsereibe an.

Küchenmaschine

Sie ist ein elektrisches Küchengerät mit mehreren Funktionen, wie zum Beispiel Kneten, Rühren, Raspeln, Pürieren oder Entsaften.
In diesem Buch wird die Küchenmaschine dann empfohlen, wenn größere Mengen an Zutaten grob zerkleinert werden sollen. Alternativ kannst du auch den Hochleistungsmixer verwenden, wenn du darauf achtest, dass der Mixinhalt gleichmäßig zerkleinert wird.

Mixer

Er wird auch als Stand- oder Küchenmixer bezeichnet und eignet sich für die Zubereitung von Obstsmoothies, Suppen, Dips oder Pestos. Für manche Rezepte in diesem Buch reicht sein Leistungsvermögen aus, ich empfehle jedoch, ihn früher oder später durch einen Hochleistungsmixer zu ersetzen.

Spiralisiergerät

Mit diesem manuell betriebenen Gerät kannst du dekorative Spiralen, Spaghetti aus Gemüse oder Scheiben aus Obst und Gemüse herstellen. Es gibt mehrere Messereinsätze.

Wok

Der Wok ist eine hohe, durchgehend gewölbte Pfanne und gehört vor allem in Asien zu den wichtigsten Kochutensilien. Er wird zum Braten, Dünsten, Schmoren, Kochen, Frittieren, Rösten und selbst zum Räuchern und Dämpfen verwendet. Im Wok entstehen unterschiedlichen Hitzezonen, wobei im Zentrum der heißeste Bereich ist. Die Zutaten können durch einfaches Verschieben unterschiedlichen Temperaturen ausgesetzt werden. Der Wok sollte idealerweise mit Keramik beschichtet sein. Auch Woks aus reinem Edelstahl sind eine Alternative, bei denen jedoch deutlich mehr Öl verwendet werden muss, damit nichts anbrennt.

Spezielle Zutaten

Apfelessig/Apfelmostessig

Apfelessig wurde bereits von den Babyloniern (5000 v.Chr.), den Ägyptern (3000 v. Chr.) sowie von den Samurai-Kriegern in Japan (1200 v. Chr.) als Heilmittel mit breitem Anwendungsspektrum verwendet. Im Gegensatz zu fast allen anderen Essigsorten wirkt er basenbildend und entgiftend auf unseren Körper. Idealerweise verwendest du unbehandelten, ungefilterten (naturtrüben), nicht pasteurisierten Apfelessig in Bio-Qualität.

Datteln

Die pflaumenartigen Beeren sind Früchte der Dattelpalme. Es gibt über 400 verschiedene Sorten. Die besten Datteln stammen von weiblichen Palmen, die über dreißig Jahre alt sind. Für die Rezepte in diesem Buch verwende ich Medjool-Datteln, die im Vergleich zu anderen Datteln größer sind, eine weiche Konsistenz und einen honigähnlichen Geschmack haben. Vor Gebrauch werden sie immer entkernt.

Kala-Namak-Salz

Es ist auch unter den Namen Schwarzsalz, Indisches Salz, Sanchal oder Eiersalz bekannt und stammt aus Vulkan- und Lavaminen in Indien und Pakistan. *Kala Namak* hat einen hohen Schwefelwasserstoff- und Eisengehalt und eine schwarz-violette Farbe. Es wird nich nur gern in der indischen Küche eingesetzt, sondern auch in der ayurvedischen Medizin. Sein Geschmack erinnert an Eier.

Junge Kokosnuss, Trinkkokosnuss

Die junge Kokosnuss wird bereits ein halbes Jahr vor der vollen Reife geerntet. Die braune Schale, die wir mit einer Kokosnuss verbinden, hat sich in diesem Stadium noch nicht entwickelt. Die jungen Nüsse enthalten 250 bis 450 Milliliter Kokoswasser und das Fruchtfleisch ist noch weich und geleeartig und nicht dicker als 5 Millimeter. Junge Kokosnüsse mit einem besonders lieblichen Geschmack kommen aus Thailand. Um sie zu öffnen, gibt es ein spezielles Werkzeug. Ich persönlich verwende eine Machete oder ein großes, schweres Messer dafür. Als Ersatz für frische junge Kokosnüsse kannst du haltbare Produkte aus dem Bioladen verwenden, z. B. Kokosmilch oder eine Mischung aus Kokoswasser und Kokoscreme.

Kokosblütenzucker

Er wird aus Kokosnektar gewonnen und ist der beste Ersatz für herkömmliche Süßungsmittel, da er einen sehr niedrigen glykämischen Index hat und zahlreiche Mineralstoffe, Spurenelemente (vor allem Magnesium, Eisen und Zink) und Antioxidantien enthält. Kokosblütenzucker überzeugt durch sein karamellartiges Aroma, schmilzt sofort auf der Zunge und eignet sich perfekt zum Süßen von verschiedensten Speisen und Getränken.

Kokosmilch

Sie wird aus dem Fruchtfleisch der reifen Kokosnüsse gewonnen und hat einen Fettgehalt von 15 bis 22 Prozent (Kuhmilch enthält 3 bis 3,5 Prozent). Kokosmilch ist sehr reich an mittelkettigen Fettsäuren, die im Körper schnell in Energie umgewandelt werden. Die Kokosmilch hat einen vollen Geschmack und findet in vielen Speisen beste Verwendung.

Kokosnuss Aminos

Hierbei handelt es sich um eine Gewürzsauce, die der Sojasauce und Tamari ähnelt. Sie ist reich an Aminosäuren, nicht pasteurisiert und süßlich im Geschmack. Sie wird hergestellt, indem Kokosblütensaft zusammen mit Meersalz fermentiert wird. Mittlerweile gibt es diese Sauce auch in Deutschland, Österreich und der Schweiz und vielen anderen europäischen Ländern zu kaufen.

Kokosnussnektar/Kokosblütennektar

Er wird aus dem Saft der Kokosblüten gewonnen und als vitalstoffreiches Süßungsmittel verwendet.

Kokoswasser

Kokoswasser ist die klare Flüssigkeit aus jungen Kokosnüssen. Es weist das gleiche elektrolytische Verhältnis auf wie das menschliche Blut und wird dadurch zu einem natürlichen isotonischen Getränk, das den Körper mit wertvollen Vitalstoffen versorgt. Du kannst es pur trinken oder als Basis für Smoothies, Saucen, Joghurts und vieles mehr verwenden. Am besten ist es frisch aus der jungen Kokosnuss, während abgefülltes Kokoswasser, das im Handel erhältlich ist, durch Pasteurisierung haltbar gemacht wird.

Kokos-Wraps

Hierbei handelt es sich um rohköstliche Wraps aus getrockneten jungen Kokosnüssen. Sie werden auch als Paleo-Wraps bezeichnet und sind in zahlreichen Online-Shops erhältlich. Du kannst sie auch einfach selbst machen. Dazu das Wasser einer jungen Kokosnuss samt Fruchtfleisch im Mixer fein pürieren, anschließend auf Dörrfolien gießen und so lange im Dörrgerät trocknen, bis sie in etwa die Konsistenz der üblichen Wraps aus Getreide oder Mais haben. Danach in beliebige Form und Größe schneiden.

Lecithin

Lecithin ist ein wichtiger Baustein für die Zellmembranen, das Gehirn, die Leber, das Herz und das Immunsystem. Es wird aus Soja, Sonnenblumen oder Raps hergestellt und dient in der Küche als Emulgator und Antioxidationsmittel.

Lucuma

Lucuma ist eine Frucht aus Mittel- und Südamerika, sie hat eine ähnliche Form wie die Avocado, eine gelbliche Farbe und einen süßen karamelligen Geschmack. Sie wird als „Gold der Inkas" bezeichnet, unterstützt die Verdauung und stärkt das Immunsystem. Dieses Superfood ist meist als Pulver erhältlich und passt perfekt in süße Saucen, Smoothies, Eiscremes und mehr.

Maca

Die Wunderwurzel wächst in den höchsten Regionen der Anden und wirkt energetisierend und ausgleichend auf den Hormonhaushalt. Maca ist meist als Pulver erhältlich und kann Smoothies, Saucen und Desserts bereichern.

Probio-Kultur

Damit sind probiotische Kulturen gemeint, die zur Herstellung von pflanzlichem Joghurt oder Käse oder zum Fermentieren pflanzlicher Vitalmilch verwendet werden. Sie sind als Pulver, Kapseln oder Flüssigkeit in Bioläden oder Bio-Online-Shops erhältlich. Achte darauf, dass die Produkte laktosefrei sind. Als einfache Alternative zu gekauften Probio-Kulturen kannst du auch selbst gemachtes Rejuvelac (siehe rechte Spalte) zum Fermentieren verwenden.

Fermentieren, leicht gemacht

Die Kunst, Lebensmittel zu fermentieren, hat mein Leben unglaublich bereichert, sodass ich sie dir auf keinen Fall vorenthalten möchte. Als Bonus gibt es noch meine über Jahre entwickelten Rezepte für selbst gemachten veganen Joghurt (Seite 164), probiotische Vitalmilch (Seite 84) und sogar selbst gemachten veganen Streichkäse (Seite 122).

Rejuvelac

Rejuvelac ist ein alkohol- und kohlensäurefreies "lebendiges" Getränk, das durch die Fermentierung von Getreidesprossen gewonnen wird. Dabei entstehen Milchsäurebakterien (zum Beispiel *Lactobacillus bifidus)*, die sich positiv auf unsere Darmflora auswirken, unsere Verdauung und unser Immunsystem unterstützen und unseren Körper entgiften. Rejuvelac ist sehr reich an B-Vitaminen, Vitamin E und K und enthält leicht assimilierbare Aminosäuren und Enzyme. Es wird sehr gerne zur Herstellung von pflanzlichem Joghurt und Käse und probiotischer Vitalmilch verwendet oder einfach pur getrunken, es hat allerdings einen etwas strengen Geruch und säuerlichen Geschmack.

Du kannst Rejuvelac sehr leicht und günstig selbst aus Getreide (Weizen, Roggen, Gerste, Hafer etc.) oder Pseudogetreide (Quinoa Buchweizen etc.) herstellen. Alles, was du dazu brauchst, ist eine Glasschüssel, ein Küchensieb und Wasser.

Zutaten:
200 g Getreide oder Pseudogetreide,
Wasser

So geht's:
Schritt 1: *Keime die Samen*
Spüle die Körner gründlich durch. Sortiere alle schadhaften aus und weiche die anderen für ca. 12 Stunden (im Sommer) bis 24 Stunden (im Winter) ein. Danach lässt du sie in einem Küchensieb oder Sprossenglas keimen, wobei du sie 2- bis 3-mal täglich gut durchspülst. Je nach Temperatur, Jahreszeit, Samen- und Wasserqualität dauert es etwa 2 Tage, bis die Keime in etwa die Länge des Getreidekorns erreicht haben und für den Ansatz des Rejuvelacs verwendet werden können.

Schritt 2: Setze Rejuvelac an
Spüle die Getreidesprossen gründlich durch und gib sie in eine Glasschüssel, dann füge einen halben bis ganzen Liter Wasser hinzu. Bedecke die Schüssel mit einem Küchentuch und stelle sie zum Fermentieren an einen ruhigen, dunklen Ort. Ernte nach etwa 2 Tagen das Rejuvelac, indem du die Flüssigkeit durch ein Sieb abseihst und in Flaschen abfüllst.
Die gekeimten Getreidesprossen kannst du in der Schüssel lassen und für einen zweiten Fermentierdurchgang verwenden. Dazu einfach wieder die gleiche Menge Wasser hinzugeben und für einen Tag stehen lassen. Du kannst den Vorgang öfter wiederholen. Das Rejuvelac wird jedoch von Mal zu Mal weniger intensiv.

Hinweis: Es ist normal, dass Rejuvelac sehr streng riecht. Sobald du jedoch ein Zeichen von Schimmel entdeckst (zum Beispiel grüne, blaue oder schwarze Flecken), sollte es umgehend entsorgt werden.

AngelikA's Tipp:
Fülle das Rejuvelac in Glasflaschen ab und lagere diese im Kühlschrank. Achte darauf, dass die Flaschen nicht zu lange verschlossen bleiben, da sich sehr viel Druck in der Flasche bildet und diese im Extremfall explodieren kann. Möchtest du einen intensiveren und säuerlicheren Geschmack, dann lagere das Rejuvelac bei Zimmertemperatur.

Salz
Konventionelles Koch-, Speise- oder Tafelsalz ist raffiniert, was bedeutet, dass von den ursprünglich 84 Elementen nur noch Natriumchlorid übrig ist. Ich empfehle unjodiertes und naturbelassenes Salz, wie zum Beispiel Bergkristallsalz oder Steinsalz (Halitsalz), das voller Mineralstoffe ist und basenbildend in unserem Körper wirkt. Ein ganz spezielles Highlight unter den Salzen, das sich vor allem für die rein pflanzliche Ernährung eignet, ist *Kala Namak*.

Stevia
Stevia ist ein natürlicher Süßstoff ohne Kalorien, der aus der Steviapflanze (auch „Süßkraut" oder „Honigpflanze" genannt) gewonnen wird. Ich empfehle das grüne Steviapulver, das ausschließlich aus getrockneten Steviablättern besteht. Neben seiner feinen Süße hat es auch einen eigenen, leicht bitteren Beigeschmack.

Suppenwürze
Hier handelt es sich um klare Gemüsebrühe in Pulverform. Es ist rein pflanzlicher Natur und kann statt Gemüsesuppenwürfel zum Würzen verwendet werden. Achte darauf, dass sie biologischer Herkunft und frei von gehärteten Fetten ist.

Tamari
Eine natürlich fermentierte Sojasauce ohne Getreide, die wie *Sojasauce* zum Würzen von Speisen verwendet wird. Achte auf rein biologische Herkunft. Anstatt Tamari verwende ich auch Kokosnuss Aminos, die allerdings noch relativ unbekannt und daher selten zu bekommen sind.

Ume Su
Eine japanische Würzsauce, die aus milchsauer vergorenen Umeboshi-Aprikosen hergestellt wird. Sie ist relativ salzig und wird wie Essig für Dressings, Saucen und Dips verwendet.

Saatgut und Keimmethode

Um das Sprossengärtnern zu vereinfachen, werden im folgenden Kapitel die Sprossen in acht Gruppen eingeteilt. Innerhalb der jeweiligen Gruppe werden die Sprossen auf die gleiche Weise gekeimt, geerntet und kulinarisch verwendet. In der „Sprossenguide-Tabelle" (Seite 178 ff.) findest du die genaue Zuordnung von 65 Sprossenarten. Die acht Gruppen sind die folgenden:

1. Mikrogrün

Die Samen von Alfalfa, Brokkoli, Bockshornklee, Dill, Fenchel, Grünkohl, Knoblauch, Radieschen, Rettich, Roter Bete, Rotklee, Rotkohl, Weißkohl und Zwiebel eignen sich perfekt zum Keimen von Mikrogrün. Die meisten dieser Samen brauchen je nach Temperatur 5 bis 7 Tage; die Samen von Dill, Fenchel, Zwiebel und Knoblauch bis zu 2 Wochen, bis sie sich zu Mikrogrün entwickeln. Junges Mikrogrün kann samt Wurzeln gegessen werden. Wenn es länger gekeimt wird bzw. auf Watte oder in Erde wächst, schneidest du es über den Wurzeln ab. Einige Sorten, wie z. B. Bockshornklee können bereits nach wenigen Tagen als Sprossen genossen werden, noch bevor sich Blattgrün bildet.
Mikrogrün kannst du einfach so aus der Hand essen oder für Salate, rohe Suppen oder als Deko verwenden.
Als Keimgeräte eignen sich das Etagenkeimgerät, die Keimschale, der *EasyGreen*-Keimautomat oder das Sprossenglas. Bei längeren Keimzeiten (ab 12 Tagen) kannst du einige auch in Erde ziehen.
Hinweis: Vor dem Ernten muss Mikrogrün zum „Grünen" für ein paar Stunden ins normale Tageslicht gestellt werden, wodurch die Fotosynthese angeregt und Blattgrün gebildet wird.

2. Schleimbildende Samen

Sobald Chiasamen, Flohsamen, Leinsamen und die Samen von Basilikum, Kresse, Rucola und Senf mit Wasser in Berührung kommen, bildet sich ein gallertartiger Schleim, der ihnen als Schutz dient. Damit die Samen jedoch nicht darin ersticken, werden sie nicht oder nur sehr kurz eingeweicht; so können Sie anschließend am besten wachsen und gedeihen.
Auf der anderen Seite werden Chia-, Floh- und Leinsamen oft gar nicht zu Sprossen oder Mikrogrün gezogen, sondern nur länger (15 Minuten bis 6 Stunden) in einer Schüssel eingeweicht (in der 3- bis 5-fachen Menge Wasser), um direkt verwendet zu werden, zum Beispiel zum Verdicken und Binden von Saucen, Eindicken von Smoothies oder als Basis für rohe Cracker etc. Eingeweichte Samen und Mikrogrün werden idealerweise roh gegessen.
Dieses spezielle Saatgut kannst du im Kressesieb, im Kresse-Igel, in der Keimschale mit Vlies oder Watte, im Etagenkeimgerät aus Ton oder in Erde keimen lassen, bis sich daraus Mikrogrün entwickelt.
Hinweis: Diese Samen nicht übereinander oder zu nah beieinander aussäen.
Tipp: Du kannst schleimbildende Samen in kleiner Menge nicht schleimbildendem Saatgut beimischen (zum Beispiel 5 Prozent Rucola auf 95 Prozent Alfalfa) und so auch in anderen Keimgeräten heranziehen.

3. Grünkraut

Aus Buchweizen (mit Schale), Popcornmais, Sonnenblumenkernen (mit Schale) und Zuckererbsen lässt sich binnen 8 bis 10 Tagen Grünkraut ziehen. Dafür können die Samen in Keimschalen mit Vlies, im *EasyGreen*-Keimautomaten oder in Erde gekeimt werden. Das Grünkraut wird ohne Wurzeln und roh verwendet. Durch seinen hohen Wasser- und Chlorophyllgehalt eignet es sich auch zum Entsaften. *Tipp:* Ziehst du Grünkraut in der Erde, keime die Samen am besten in einem Sprossenglas, in einer Keimschale oder in einem Sieb an und pflanze sie am 2. Tag in Erde ein.

4. Gräser

Als Basis zur Graszucht dienen ungeschälte Getreidekörner (Dinkel, Gerste, Hafer, Hartweizen und Roggen). Das Gras braucht etwa 8 bis 12 Tage, bis es geerntet werden kann, und sollte davor einen halben Tag lang ins Tageslicht gestellt werden, um die Chlorophyllbildung anzuregen. Das Wachstum und der Geschmack sind bei allen Gräsern etwa gleich, weshalb sie auch gemischt gezogen werden können.

Gräser werden als frisch gepresster Saft genossen. Hierfür ist ein „kauender" Slow-Entsafter und niemals ein Zentrifugalentsafter zu verwenden. Gräser können auch getrocknet, anschließend zu Pulver zerkleinert und in kleinen Mengen als Nahrungsergänzungsmittel und Zutat für Smoothies verwendet werden. Empfohlen wird die Anzucht in Erde, in einem Weizengrassieb, einer Keimschale mit Vlies oder im *EasyGreen*-Keimautomaten.

150 bis 200 Gramm Samen werden in einer 25 x 50 Zentimeter großen Keimschale gezogen und ergeben 180 bis 235 Milliliter Saft.

Tipp: Für einen besseren Geschmack und höhere Vitalstoffdichte kannst du bei der Anzucht biologische Dünger wie zum Beispiel „Kelp-Dünger" verwenden.

5. Hülsenfrüchte

Adzukibohnen, Kichererbsen, Linsen, Markerbsen, Mungobohnen, Sojabohnen, Süßlupinen und Zuckererbsen keimen sehr schnell (Ernte ab dem 3. Tag), schmecken mild und bleiben lang knackig. Gibst du sie erst kurz vor dem Servieren in Suppen, Eintöpfe oder Pfannengerichte, bleiben ihre Inhaltsstoffe erhalten. Diese hervorragenden Eiweißlieferanten können bei manchen Menschen zu Magenproblemen führen. Um sie verträglicher zu machen, empfiehlt sich ein kurzes Erhitzen oder Mitgaren bzw. kleinere und leicht verdau-

Hast du gewusst, dass du viele Bohnen, die du zum Kochen verwendest, wie z. B. Kidneybohnen, Limabohnen, mexikanische Bohnen, Saubohnen, weiße Bohnen (*Fagioli*), Wachtelbohnen, Cannelini-Bohnen, Pinto-Bohnen, Perlbohnen, Lingots-Bohnen, ebenfalls keimen lassen kannst? Das bringt dir folgende Vorteile:

- Die Kochzeit verkürzt sich, wodurch mehr wertvolle Inhaltsstoffe erhalten bleiben.
- Anti-Nährstoffe in den Bohnen werden abgebaut, die Bohnensprossen sind leichter verdaulich und schmecken meist süßlicher.

Die Bohnen solltest du 8 bis 24 Stunden einweichen (nach 12 Stunden das Wasser wechseln) und anschließend so lange keimen lassen, bis die kleinen Keimschwänze zu sehen sind (ca. 1 bis 2 Tage). Die Bohnensprossen kräftig spülen und so lange kochen, bis sie weich sind (45 Minuten oder länger).
Vorsicht: Diese Sprossen sind roh giftig und dürfen niemals ungekocht gegessen werden!

liche Sorten wie Adzukibohnen, Linsen und Mungobohnen zu verwenden.
Zur Keimung eignen sich das Sprossenglas, der Sprossensack, die Keimschale, das Etagenkeimgerät und der *EasyGreen*-Keimautomat.

6. Essbare Samen

Kürbiskerne, weißer und schwarzer Sesam sowie Sonnenblumenkerne (ohne Schale) können im Vergleich zu anderem Saatgut bereits direkt in ihrer Ursprungsform und auch nach dem Einweichen roh gegessen werden. Optimalerweise keimen sie jedoch einige Zeit weiter und werden nach 1 bis maximal 3 Tagen geerntet (danach schmecken sie ein wenig bitter). Sie eignen sich am besten roh für Müslis, verschiedene Füllungen, Salate und Brotmischungen oder einfach zum Dekorieren von Gerichten.
Zum Keimen kannst du ein Sprossenglas, einen Sprossensack, ein simples Einweichgefäß (Glas oder Schüssel) oder ein Küchensieb verwenden.

7. Pseudogetreide

Amaranth, Buchweizen (ohne Schale), Canihua, Hirse, Quinoa und Teff werden als „Pseudegetreide" bezeichnet und maximal 3 Tage lang gekeimt. Sie können roh (in Smoothies, Müslis, Salaten, Füllungen) oder gekocht (als Beilage) beliebig zubereitet werden. Amaranth bildet eine Ausnahme und wird häufig auch zu Mikrogrün gekeimt (Keimmethode siehe unter „1. Mikrogrün", Seite 175).
Der Sprossensack oder ein feines Küchensieb eignen sich für die Keimung am besten, da die Samen (außer Buchweizen) sehr klein und sonst schwierig zu spülen sind. Du kannst auch ein simples Einweichgefäß (Glas oder Schüssel) bzw. ein Sprossenglas verwenden. Dann solltest du beim Spülen besonders Acht geben, dass die kleinen Samen nicht weggespült werden.

8. Vollwertgetreide/Vollkorngetreide

Einkorn, Emmer, Gerste, Hartweizen, Kamut, Reis, Roggen, Triticale, Urkorn und Weichweizen werden in ihrer entspelzten (geschälten) Form etwa 2 bis 3 Tage gekeimt und ergeben sehr süße Sprossen, die wie Pseudogetreide roh oder gekocht zubereitet werden können. Zur Keimung eignen sich das Sprossenglas, der Sprossensack, das Etagenkeimgerät, die Keimschale, der *EasyGreen*-Keimautomat oder ein einfaches Küchensieb.
Hinweis: Der Keim sollte bei der Ernte nicht länger sein als der Samen.

Sprossenguide-Tabelle

Sprossenart	Verhältnis Same zu Sprosse	Einweichdauer	Keimmethode
Mikrogrün			
Alfalfa	1 zu 5–12	8–12 h	Etagenkeimgerät Keimschale Sprossenglas (nicht für Mikrogrün) *EasyGreen*-Keimautomat Mikrogrün auch in Erde
Bockshornklee	1 zu 5–12	6–12 h	Etagenkeimgerät Keimschale Sprossenglas (nicht für Mikrogrün) *EasyGreen*-Keimautomat Mikrogrün auch in Erde
Brokkoli	1 zu 5–12	8–12 h	Etagenkeimgerät Keimschale Sprossenglas (nicht für Mikrogrün) *EasyGreen*-Keimautomat Mikrogrün auch in Erde
China Rose	1 zu 5–12	6–12 h	Etagenkeimgerät Keimschale Sprossenglas (nicht für Mikrogrün) *EasyGreen*-Keimautomat Mikrogrün auch in Erde
Chinakohl	1 zu 5–12	6–12 h	Etagenkeimgerät Keimschale Sprossenglas (nicht für Mikrogrün) *EasyGreen*-Keimautomat Mikrogrün auch in Erde
Dill	1 zu 5–12	0	Etagenkeimgerät Keimschale Sprossenglas (nicht für Mikrogrün) *EasyGreen*-Keimautomat Mikrogrün auch in Erde
Fenchel	1 zu 5–12	8–10 h	Etagenkeimgerät Keimschale Sprossenglas (nicht für Mikrogrün) *EasyGreen*-Keimautomat Mikrogrün auch in Erde
Grünkohl	1 zu 5–12	6–12 h	Etagenkeimgerät Keimschale Sprossenglas (nicht für Mikrogrün) *EasyGreen*-Keimautomat Mikrogrün auch in Erde
Hanfsamen	1 zu 4–7	4–12 h	Etagenkeimgerät Keimschale Sprossenglas (nicht für Mikrogrün) *EasyGreen*-Keimautomat Mikrogrün auch in Erde
Knoblauch	1 zu 5–12	12 h	Etagenkeimgerät Keimschale Sprossenglas (nicht für Mikrogrün) *EasyGreen*-Keimautomat Mikrogrün auch in Erde
Kohlrabi	1 zu 5–12	6–12 h	Etagenkeimgerät Keimschale Sprossenglas (nicht für Mikrogrün) *EasyGreen*-Keimautomat Mikrogrün auch in Erde
Radieschen	1 zu 5–12	6–12 h	Etagenkeimgerät Keimschale Sprossenglas (nicht für Mikrogrün) *EasyGreen*-Keimautomat Mikrogrün auch in Erde
Rettich	1 zu 5–12	6–12 h	Etagenkeimgerät Keimschale Sprossenglas (nicht für Mikrogrün) *EasyGreen*-Keimautomat Mikrogrün auch in Erde
Rote Bete	1 zu 5–12	8–12 h	Etagenkeimgerät Keimschale Sprossenglas (nicht für Mikrogrün) *EasyGreen*-Keimautomat Mikrogrün auch in Erde

	Licht- oder Dunkel-keimer	Wässern/ Spülen	Ernte	Geschmack
	Licht	2 x	Mikrogrün: ab 7.-12. T (nicht davor)	mild, manchmal nussig
	Licht	2-3 x	Sprossen: 2-5 T Mikrogrün: 10-17 T	aromatisch und leicht bitter, ab dem 4. Tag bitter
	dunkel	2-3 x	Sprossen 5-6 T Mikrogrün: 7-14 T	leicht scharf, milder als Kresse
	dunkel	2 x	Sprossen: 3-5 T Mikrogrün: 5-10 T	scharf wie Radieschen, milder als Rettich
	dunkel	2 x	Sprossen: 3-5 T Mikrogrün: 5-14 T	mild scharf
	dunkel	2 x	Mikrogrün: 8-16 T	süß, leicht würzig
	Licht	2 x	Sprossen: 8-10 T	sanft süßlich, weniger intensiv als Fenchelgemüse
	dunkel	2 x	Sprossen: 3-6 T Mikrogrün: 7-14 T	mild, süß
	dunkel	3 x	Sprossen: 3-4 T Mikrogrün: 5-7 T	sehr knackig, nussig
	dunkel	2-3 x	Sprossen: 10-14 T Mikrogrün: 14-21 T	wie Knoblauch
	dunkel	2 x	Sprossen: 3-5 T Mikrogrün: 5-7 T	fein herb, kohlartig
	dunkel	2 x	Sprossen: 3-5 T Mikrogrün: 6-12 T	scharf, milder als Rettich
	dunkel	2 x	Sprossen: 3-6 T Mikrogrün: 7-12 T	sehr scharf
	dunkel	2 x	Sprossen: 5-6 T Mikrogrün: 7-14 T	erdig, milder als Rote Bete

Sprossenart	Verhältnis Same zu Sprosse	Einweichdauer	Keimmethode
Mikrogrün			
Rotklee	1 zu 5-12	8-12 h	siehe vorherige Seite
Rotkohl		6-12 h	
Schabziegerklee		6-12 h	
Zwiebel		8-12 h	
Grünkraut			
Sonnenblumenkerne mit Schale	1 zu 6-7	8-12 h; bis zu 24 h möglich (Wasser nach 12 h wechseln)	Keimschalen mit Vlies oder Watte *EasyGreen*-Keimautomat in Erde
Süßlupinen (blau/weiß)			
Vollbuchweizen mit Schale			
Zuckererbse			
Gräser			
Hartweizen (ungespelzt)	1 zu 3-4	8-12 h bis zu 24 h möglich (Wasser nach 12 h wechseln)	Weizengrassieb Keimschale mit Vlies oder Watte *EasyGreen*-Keimautomat in Erde
Popcorn-Mais			
Roggen (ungespelzt)			
Volldinkel (ungespelzt)			
Vollgerste (ungespelzt)			
Vollhafer (ungespelzt)			

Licht- oder Dunkelkeimer	Wässern/ Spülen	Ernte	Geschmack
dunkel	2–3 x	Sprossen: 5–6 T Mikrogrün: 7–14 T	sehr mild, fein, zart
dunkel	2 x	Sprossen: 3–5 T Mikrogrün: 5–14 T	fein, mild, herb, kohlartig
Licht	2–3 x	Mikrogrün: 8–14 T	würzig, leicht bitter
dunkel	2–3 x	Sprossen: 10–15 T Mikrogrün: 14–21 T	wie Jungzwiebel, pikant, aromatisch
dunkel	2–4 x	8–12 T	nussig frisch, knackig
dunkel	2–3 x	10–14 T	nussig, leicht herb
Licht	2–3 x	8–12 T	sehr süß
dunkel	2–3 x	10–14 T	nussig, herb
neutral	2 x		grasig, leicht süß
dunkel	2–3 x		sehr süß
Licht	2 x	8–12 T	grasig
Licht	2 x		grasig
Licht	2 x		intensiver als Weizengras
Licht	2 x		grasig

<table>
<tr><th>Sprossenart</th><th>Verhältnis Same zu Sprosse</th><th>Einweichdauer</th><th>Keimmethode</th></tr>
<tr><td colspan="4">Hülsenfrüchte</td></tr>
<tr><td>Adzukibohnen</td><td>1 zu 3</td><td rowspan="7">8–12 h
bis zu 24 h möglich
(Wasser nach 12 h wechseln)</td><td rowspan="7">Sprossenglas
Sprossensack
Keimschale
Etagenkeimgerät
EasyGreen-Keimautomat</td></tr>
<tr><td>Kichererbsen</td><td>1 zu 2,5</td></tr>
<tr><td>Linsen</td><td>1 zu 2</td></tr>
<tr><td>Mungobohnen</td><td>1 zu 3</td></tr>
<tr><td>Soja</td><td>1 zu 2</td></tr>
<tr><td>Süßlupinen (blau/weiß)</td><td>1 zu 3,5</td></tr>
<tr><td>Zuckererbsen</td><td>1 zu 2,5</td></tr>
<tr><td colspan="4">Schleimbildende Samen</td></tr>
<tr><td>Basilikum</td><td rowspan="7">1 zu 5–12</td><td>0–15 min</td><td rowspan="7">Kressesieb
Kresse-Igel
Tonkeimgerät
Keimschale mit Vlies
Mikrogrün auch in Erde oder auf Watte</td></tr>
<tr><td>Chia</td><td>0–15 min*
15 min–6 h**</td></tr>
<tr><td>Flohsamen*</td><td>0–15 min*
15 min–6 h**</td></tr>
<tr><td>Gartenkresse</td><td>0–15 min</td></tr>
<tr><td>Leinsamen</td><td>0–15 min*
15 min–6 h**</td></tr>
<tr><td>Rucola</td><td>0–15 min</td></tr>
<tr><td>Senf</td><td>6–8 h</td></tr>
</table>

Licht- oder Dunkel-keimer	Wässern/ Spülen	Ernte	Geschmack
dunkel	2-3 x	3-5 T	nussiger Bohnengeschmack
	2 x	nach 3-4 T	nussiger, butteriger Geschmack
	2-3 x	3-5 T	je nach Sorte lieblich nussig, herb oder mehlig
	2-3 x	nach 3-5 T	leicht süßlich, frisch
	2-3 x	Sprossen: 3-6 T	milder Bohnengeschmack
	2-3 x	Sprossen: ab 3-5 T Grün-kraut: 10-14 T	nussig, leicht bitter
	2-3 x	Sprossen: ab 3-4 T Grünkraut: 10-14 T	süß, leicht pfeffrig, leicht bitter
Licht	mit Zerstäuber 2 x täglich besprü-hen im Kressesieb 2 x täglich spülen	Mikrogrün: 10-15 T	intensiv aromatisch pfefferartig
Licht		Sprossen: 2-3 T Mikrogrün: 8-14 T	neutral als Sprosse, würziger als Mikrogrün
Licht		Mikrogrün: 8-14 T	eingeweicht neutral, mild als Sprosse
Licht		Mikrogrün: 6-14 T	würzig scharf
Licht		Sprossen: 2-3 T Mikrogrün: 8-14 T	nussig
dunkel		Mikrogrün: 8-14 T	würzig, wie Rucola
Licht		Sprossen: 2-5 T Mikrogrün: 5-14 T	sehr scharf, würzig

Sprossenart	Verhältnis Same zu Sprosse	Einweichdauer	Keimmethode
Essbare Samen			
Kürbiskerne	1 zu 2,5	4–12 h	Sprossenglas Sprossensack Einweichgefäß (Glas oder Schüssel) Küchensieb
Sesam (ohne Schale)	1 zu 1,5	2–4 h	
Sesam (mit Schale)	1 zu 1,5	2–8 h	
Sonnenblumenkerne (ohne Schale)	1 zu 1,5	4–6 h	
Kleine Samen, Pseudo-Getreide (ohne Gluten)			
Amaranth	1 zu 1,5	30 min–4 h	Sprossensack feines Küchensieb Sprossenglas Einweichgefäß (Glas oder Schüssel) Küchensieb
Buchweizen (ohne Schale)	1 zu 2,5		
Canihua	1 zu 1,5		
Quinoa	1 zu 1,5		
Teff	1 zu 1,5–2		
Hirse	1 zu 2,5	6–12 h	

	Licht- oder Dunkel-keimer	Wässern/ Spülen	Ernte	Geschmack
	dunkel	2-3 x	1-3 T	nussig
		2 x	1-2 T	leicht nussig, etwas bitter, kernige Note
		2 x	1-3 T	leicht nussig, kernige Note
		2 x	1-2 T	nussig zart
	Licht	2-3 x	Sprossen: 2-3 T Mikrogrün: 8-14 T (Keim-methode siehe Mikro-grün)	nussig fein
		3-4 x	Sprossen: 1-2 T	mild, nussig
		2 x	Sprossen: 1-3 T	fein nussig
		2 x	Sprossen: 1-4 T	nussig mild
		2 x	Sprossen: 1-2 T	süß, leicht nussig
		2 x	Sprossen: 3-4 T	nussig, knackig und doch weich, wie Popkorn

Sprossenart	Verhältnis Same zu Sprosse	Einweichdauer	Keimmethode
Vollwertgetreide			
Dinkel			
Einkorn			
Emmer			
Hartweizen			
Kamut			
Nacktgerste			
Nackthafer	1 zu 1,5	6–12 h bis zu 24 h möglich (Wasser nach 12 h wechseln)	Sprossenglas Sprossensack Etagenkeimgerät Keimschale *EasyGreen*-Keimautomat Küchensieb
Roggen			
Triticale			
Weichweizen			
Roter Thai-Reis			
Wildreis			
Vollkornreis			

Licht- oder Dunkelkeimer	Wässern/ Spülen	Ernte	Geschmack
Licht/ dunkel			süß, leicht nussig, etwa wie brauner Reis
Licht/ dunkel			mild, nussig, buttrig
Licht/ dunkel			süß, würzig
neutral			süß, mild
Licht/ dunkel			herzhaft, leicht nussig
dunkel		2–3 T	süß, wie Honig
Licht	2–3 x		leicht nussig, mild, süß
Licht			kräftig, süß
Licht/ dunkel			herzhaft, frisch
neutral			süß, mild
Licht			süß, nussig
Licht		3–5 T	eigener nussiger Geschmack, etwas härter
Licht			etwas erfrischender als normaler Reis

Saatmischungen – selbst gemacht

Wird verschiedenes Saatgut miteinander gekeimt, so lassen sich dadurch Synergien erzielen – sowohl in Anbau und Geschmack als auch in der Wirkung.

Mikrogrünmischungen

Diese Mikrogrünmischungen werden ausschließlich roh verzehrt und können als Salat oder zur Bereicherung von warmen und kalten Speisen sowie als Deko verwendet werden. Sie werden in den Keimgeräten gezogen, die generell bei Mikrogrün üblich sind, und 2- bis 3-mal täglich gewässert bzw. gespült.

LovingLife

Brokkoli- (30 Prozent), Grünkohl- (30 Prozent), Rotkohl- (30 Prozent), Radieschen- (5 Prozent), Senf- (2,5 Prozent) und Kressesamen (2,5 Prozent)

- Einweichzeit: 6–12 Stunden
- Ernte: nach 3–6 Tagen

„Bisous" (Französische Küsse)

Rotklee- (70 Prozent), Radieschen- (15 Prozent), Dill- (10 Prozent), Kresse- (2,5 Prozent) und Rucolasamen (2,5 Prozent)

- Einweichzeit: 8–12 Stunden
- Ernte: nach 5–7 Tagen

Scharfer Sprossenmix

Zu je einem Drittel China-Rose-, Daikon-Rettich- und Radieschensamen

- Einweichzeit: 8–12 Stunden
- Ernte: nach 5–7 Tagen

Detox-Reise

Bockshornklee- (70 Prozent), Rettich- (25 Prozent), Kresse- (2,5 Prozent) und Senfsamen (2,5 Prozent)

- Einweichzeit: 8–12 Stunden
- Ernte: nach 3–5 Tagen

Grüne Hoffnung

Zu je einem Viertel Alfalfa-, Brokkoli-, Grünkohl- und Rotkleesamen

- Einweichzeit: 6–12 Stunden
- Ernte: nach 7–14 Tagen

Toskanamix

Rotklee- (75 Prozent), Knoblauch- (20 Prozent), Basilikum- (2,5 Prozent) und Rucola-samen (2,5 Prozent)

- Einweichzeit: 6–12 Stunden
- Ernte: nach 7–14 Tagen

AngelikA's Sprossengartenmix

Alfalfa- (30 Prozent), Rotklee- (30 Prozent), Grünkohl- (10 Prozent), Kohlrabi- (10 Prozent), Rotkohl- (10 Prozent), Radieschen- (5 Prozent), Kresse- (2,5 Prozent) und Senfsamen (2,5 Prozent)

- Einweichzeit: 6–12 Stunden
- Ernte: nach 7–14 Tagen

Bohnen-Reis-Mischung

Diese Mischung wird ausschließlich gekocht verwendet und eignet sich besonders für Suppen und Eintöpfe.

Je ein Viertel Adzukibohnen, Pintobohnen, schwarze mexikanische Bohnen, Vollkornreis

- Einweichzeit: 8–12 Stunden
- Ernte: nach 3 Tagen

Grünkrautmischung

Diese Mischung wird ausschließlich roh verzehrt und eignet sich für Salate, Säfte, Füllungen und Beilagen.

Ungeschälte Sonnenblumenkerne (35 Prozent), Zuckererbsen (30 Prozent), ungeschälter Buchweizen (25 Prozent) und Radieschensamen (10 Prozent)

- Einweichzeit: 8–12 Stunden (Buchweizen separat einweichen; siehe Seite 47, rechte Spalte)
- Ernte: nach 6–12 Tagen

Getreidemischung

Diese Mischung wird idealerweise roh verzehrt (zum Beispiel als Beigabe zu Müsli oder auf rohem Brot), kann aber auch gekocht und als Beilage verwendet werden.

75 Prozent Vollkorngetreide (entspelzt, Dinkel, Gerste, Roggen, Hafer, Kamut), 25 Prozent Pseudogetreide (Quinoa, Amaranth, Hirse)

- Einweichzeit: 6–12 Stunden
- Ernte: nach 2–3 Tagen

Erste-Hilfe-Tipps für das Sprossenziehen

SOS Schimmel!

Im Sprossengarten kann es zur Bildung von Schimmel kommen, wenn Sprossen z. B. zu wenig Platz und Luft haben, Feuchtigkeit und Temperatur im Keimgerät zu hoch sind oder Saatgut mit geringer Keimfähigkeit verwendet wird. Auch ein nicht einwandfrei sauberes Keimgerät begünstigt die Bildung von Schimmel. Er ist weißflockig, hat schwarze Punkte, fühlt sich „wattig" an und stellt eine Gefahr für die Gesundheit dar. Sind Sprossen und Keimpflanzen damit befallen, gehören sie sofort entsorgt.

Du kannst folgende Maßnahmen ergreifen, um Schimmel vorzubeugen:

- Wasche Samen vor dem Einweichen mit kaltem Leitungswasser, das du vorher abgekocht hast. Alternativ geht auch gefiltertes Wasser.
- Weiche die Samen 20 Minuten in Wasser ein, dem du 3-prozentiges Wasserstoffperoxid aus der Apotheke zusetzt (im Verhältnis 33 zu 1). Dadurch werden die Samen gründlich gereinigt und desinfiziert. Danach gut spülen.
- Weiche das Saatgut 20 Minuten in einem Wasserbad ein, dem du Effektive Mikroorganismen zusetzt (im Verhältnis 20 zu 1). Dies erhöht die Keimungsrate, fördert die Keimwurzel- und Sprossenentwicklung und sorgt vor allem für einen mikrobiellen Schutz. Verwende dafür ausschließlich Behälter aus Glas, Keramik oder Polykarbonat. Spüle die Samen danach sehr gründlich, bis das Wasser klar ist.
- Verwende nur saubere Utensilien (Keimgeräte desinfizieren).
- Vermeide zu hohe Feuchtigkeit beim Keimen und spüle das Saatgut mit reinem, gefiltertem oder vorher abgekochtem Wasser.
- Halte die Temperatur konstant zwischen 18 °C und 21 °C.
- Sorge für ausreichend Luftzufuhr, vermeide aber Durchzug.
- Mische einige Radieschensamen unter die Keimsaat. Sie wirken antibakteriell und keimtötend.

Hinweise: Beim Keimen entwickeln Kreuzblütler (Brokkoli, Kohl, Radieschen, Rettich, Senf), Alfalfa und Getreide nach drei Tagen kleine weiße Fäserchen an den Wurzeln. Diese bitte nicht mit Schimmel oder Mehltau verwechseln. Sie sehen ähnlich aus, fühlen sich jedoch weder schleimig an noch riechen sie unangenehm. Sie sind schneeweiß (ohne schwarze Punkte).
„Durstige" Sprossen bilden mehr Faserwurzeln, um die Luftfeuchtigkeit besser aufnehmen zu können. Auch hier gilt: Bitte nicht mit Schimmel verwechseln. Ich empfehle häufigeres Spülen. Bist du unsicher, hilft eine einfache Geruchsprobe. Schimmel riecht modrig und Faserwurzeln riechen frisch bis scharf-kräftig.

Fruchtfliegen: Was tun bei blinden Passagieren?

Fruchtfliegen gedeihen bestens auf reifem oder faulendem Obst und auch bei der Sprossenzucht, vor allem auf Weizengras. Sie sind harmlos, können jedoch zu einer lästigen Plage werden, da sie sich sehr schnell vermehren. Sie ernähren sich vorwiegend von Schimmelpilz, ein weiterer Grund, alle Vorkehrungen zu treffen, um Schimmel zu verhindern. Hier sind die Tipps für einen fliegenfreien Küchengarten:

- Am besten ist es, die Fruchtfliegenplage gleich im Keim zu ersticken und zu handeln, wenn du die ersten Exemplare entdeckst.
- Vermeide die „blinden Passagiere" schon beim Einkauf: Wähle nur einwandfreie Früchte ohne Druckstellen.
- Treffe, wie beschrieben, alle Vorkehrungen, um Schimmel zu verhindern.
- Fruchtfliegen lieben es warm und feucht. Belüfte deinen Sprossengarten mit einem Ventilator.
- Entferne jegliches potenzielles Essen für die Fruchtfliegen (indem du z. B. Obst im Kühlschrank lagerst).
- Im Handel erhältliche Fliegenfänger sind auch bei Fruchtfliegen wirksam.
- Kostengünstige Fruchtfliegenfalle selbst gemacht: Vermische in einem Wasserglas zwei Drittel Wasser und ein Drittel Apfelessig, füge etwas Spülmittel hinzu, rühre alles um und lasse es offen stehen. Bei einer Fruchtfliegenplage auch hilfreich: der Staubsauger.

Ungenießbare Sprossen erkennen

Sprossen gehören nicht auf den Teller, sondern auf den Komposthaufen, wenn sie

- schlecht und unangenehm riechen,
- schleimig oder faul, ausgetrocknet oder verfärbt sind,
- die Wurzeln braun sind.

Ich empfehle dir, deine Sprossen immer mit allen Sinnen wahrzunehmen, um sicherzustellen, dass sie prächtig gedeihen.

Phytotoxine und Anti-Nährstoffe: Sicherheit geht vor

Samen enthalten von Natur aus Stoffe, die als „Fraßschutz" dienen. Für uns ist es von Vorteil, den Gehalt an diesen sogenannten Phytotoxinen und Anti-Nährstoffen zu reduzieren, denn dadurch können wir die Samen besser verdauen. Diese einzuweichen und zu keimen führt zu einer deutlichen Abnahme der unerwünschten Stoffe.
Damit alle Giftstoffe und „Anti-Nährstoffe" abgebaut werden, sollten die Sprossen lang genug

keimen. Wichtige Hinweise und Mindestkeimzeiten zu den einzelnen Sprossenarten findest du in den Sprossenporträts (Seite 37 ff.).

Die folgenden Sprossen kannst du erst ab dem 4. Tag roh essen:

- Adzukibohnen
- Mungobohnen
- Linsen
- schwarzer Wildkornreis (sobald er sich geöffnet hat, d. h. nach 2 bis 4 Tagen)
- Süßlupinen (kurz blanchiert schmecken sie jedoch besser)

Diese Sprossen solltest du vor dem Verzehr kurz blanchieren, damit noch vorhandene Giftstoffe zerstört werden:

- Kichererbsen
- Sojabohnen
- Zuckererbsen

Im Folgenden eine Übersicht möglicher Toxine in Sprossen:

Blausäure-Glykoside (cyanogene Glycoside) sind Gifte, mit denen sich manche Pflanzen vor Tierfraß schützen. Blausäure-Glykoside kommen z. B. in Leinsamen in geringer Menge vor. Das dänische *Veterinary and Food Board* rät davon ab, Leinsamen, vor allem gemahlen oder als Keimpflanzen, in großen Mengen (z. B. entsaftet) zu sich zu nehmen.

Canavanin kommt in Alfalfa vor. Um es vollständig zu eliminieren, muss man Alfalfa mindestens 6 volle Tage lang keimen lassen (Ernte ab 7. Tag) und dafür sorgen, dass die Pflänzchen ausreichend Platz, Luft und Wasser erhalten.

Fagopyrin befindet sich vor allem auf der äußeren Hülle des Buchweizens, während das Innere nur geringe Mengen enthält. Es kann Hautirritationen und Lichtempfindlichkeit verursachen. Um es möglichst wirksam zu beseitigen, empfiehlt sich ein desinfizierendes Wasserbad (Erste-Hilfe-Tipps für das Sprossenziehen, Seite 189).

Lektin/Phytagglutinin sind in allen Hülsenfrüchten enthalten und können zu Magenschmerzen, Verdauungsproblemen oder sogar zur Vergiftung führen. Der Gehalt nimmt mit zunehmender Keimdauer ab. Hülsenfrüchte sollte man daher mindestens 3 bis 4 Tage keimen lassen (bis der Keimling etwa 1 Zentimeter lang ist). Die Sprossen vor dem Verzehr zu kochen ist dann nicht mehr notwendig (außer von Kicher- und Zuckererbsen und Sojabohnen).

Phytinsäure kommt in Bohnen und Getreide vor. Sie verhindert im menschlichen Körper die Aufnahme von Mineralstoffen wie Eisen, Zink, Kalzium und Magnesium. Sie wird im Zuge des Keimprozesses allmählich abgebaut. Erst unlängst wurde jedoch entdeckt, dass Phytinsäure auch positive Auswirkungen auf unseren Körper hat (sie reguliert den Blutzuckerspiegel und hat krebshemmende Eigenschaften).

Trypsin-Inhibitoren sind vor allem in Hülsenfrüchten enthalten und werden durch den Keimprozess abgebaut. Sprossen von Kicher- und Zuckererbsen und Sojabohnen bilden eine Ausnahme und sollten vor dem Verzehr stets 3 bis 4 Minuten blanchiert, gedämpft oder angebraten werden.

Register der Rezepte

Bezugsquellen

Keimsaat

Unbehandelte, keimfähige Samen und Körner in Bio-Qualität sind meist in Naturkostläden oder Online-Shops erhältlich. Hierfür gibt es u. a. folgende Anbieter: *A. Vogel, Alnatura, Baukhof, Bingenheimer Saatgut, Bio-Saatgut, Bohlsener Mühle, Davert, De Bolster, Deiters, Eschenfelder, Germline, Keimling, Kiepenkerl, Rapunzel, SPERLI, Saatzucht Bardowick, Sonnentor; www.sprossensamen.ch, www.via-verde.at, www.microgreen-shop.com*

Keimgeräte, Küchengeräte, Utensilien & Zubehör

https://biogartenversand.de: Zimmergewächshäuser, Heizmatten

https://vitalbio.de: Automatischer Keimkasten Easygreen™

www.emiko.de: Effektive Mikroorganismen

www.eschenfelder.de: Breites Sortiment an Keimgeräten (Keimgläser, Keimkisten, Kressesiebe, Weizengrassiebe), Saatgut

www.getreidemuehlen.de: Keimschalen und -geräte (Hawos Tonkeimer)

https://gruenesmoothies.de: Hochleistungsmixer, Entsafter, Wasserfilter, Rezepte und Informatives rund um das Thema „grüner Lifestyle"

www.keimling.de: Keimgeräte, Saatgut, Keimzubehör, Entsafter, Dörrautomaten, Wasserfilter, Informationen und Rezepte rund um die grüne Küche

https://leogant.com: Ganzheitliches Wasseraufbereitungssystem im Einklang mit der Natur

www.lurch.de: Spiralschneider, Gemüsereibe, Julienneschneider

https://peakpackaging.com.au: atmungsaktive Frischebeutel für Sprossen, Obst und Gemüse

www.pureraw.de: Nussmilchbeutel (für die Sprossenzucht geeignet)

www.sprossen.at: Sprossengärten, Saatgut (auch seltenes Saatgut wie Grünkohl, Chinakohl etc.), Bücher

www.sprossen-keimlinge.de: Wissenswertes über Sprossen und Grassaft, zahlreiche Rezepte und Informationen

https://terra-preta.de: Terra-Preta-Erde

www.sprossensamen.ch: große Sprossengläser (1,7 und 3,1 Liter)

www.seedshop24.de: Keimgeräte und Saaten

www.via-verde.at: Keimgeräte und Saaten

www.microgreen-shop.de: Keimgeräte und Saaten

www.growgrownut.com: Kokosnussschale für Mikrogrün

Sonstige Produkte

Trinkkokosnüsse: *www.hansenobst.de, www.drgoerg.com*

Kala Namak: *www.prohviant.de, www.dragonspice.de*

Exotische Früchte in Top-Qualität direkt vom Produzenten: *www.orkos.com, www.jurassicfruit.com*

Informative Websites

www.angelikafurstler.de (praktische Artikel, Videos und Fotos rund um „Sprossen und grünen ganzheitlichen ‚Bliss'-Lifestyle")
www.zeitfuersprossen.com (AngelikA´s kostenfreie Masterclass)

Facebook-Gruppe

„SPROSSEN und MIKROGRÜN mit AngelikA Fürstler": Werde Teil unserer Sprossen-Community auf Facebook: In dieser Gruppe geht's um das Thema „Sprossen, Mikrogrün & Co." mit vielen praktischen Tipps & Gesprächen rund um unseren Lifestyle. Wir freuen uns auf dich!

https://sproutpeople.org (englisch): praktische Anleitungen zum Sprossengärtnern; mit Videos, Bildern und Online-Shop

Literaturempfehlungen

Boutenko, Victoria: *Grüne Smoothies – lecker, gesund und schnell zubereitet.* Hans-Nietsch-Verlag, Emmendingen 2010

Clement, Brian Dr.: *WunderLebensMittel.* Hans-Nietsch-Verlag, Emmendingen 2013

Fürstler, Angelika: *Sprossen & Keimlinge.* 15-Minuten-Rezepte mit Vitalfood. Hans-Nietsch-Verlag, Freiburg 2017

Cousens, Gabriel: *Die Kunst der Zubereitung lebendiger Nahrung.* Hans-Nietsch-Verlag, Emmendingen 2013

Cupillard, Valérie: *Keime und Sprossen: Köstliche Kraftpakete für die Küche.* Hädecke Verlag, Weil der Stadt 2011

Fürstler, Angelika: *Sprossen & Keimlinge. 15-Minuten-Rezepte mit Vitalfood.* Hans-Nietsch-Verlag, Freiburg 2017

Galchus, Rita: *Sprossen at Home. Das ganze Jahr zu Hause Sprossen, Keimpflanzen, Gräser, Mini-Blattgemüse sowie Grünkraut ernten und genießen.* Hans-Nietsch-Verlag, Emmendingen 2014

Hill, Fionna: *Kraftquelle Keimpflanzen. Selbst gezogen – köstlich zubereitet.* Leopold Stocker Verlag, Graz/Österreich 2010

Kirk, Mimi: *Rohköstlich leben. Eine praktische Einführung in die Rohkost-Küche mit 120 leckeren Rezepten für Gesundheit und zeitlose Schönheit.* Hans-Nietsch-Verlag, Emmendingen 2012

Lagler, Gottfried; Fink, Hans Peter; Rathmayer, Michael: *Sprossen.* Edition Styria in der Verlagsgruppe Styria, 2014

Nöcker, Rose-Marie: *Das große Buch der Sprossen und Keime. Mit vielen Rezepten.* Heyne Verlag, München 1992

Schmid, Rainer O.: *Weizengrassaft. Medizin für ein neues Zeitalter.* Verlag Ernährung und Gesundheit, München 1997

Simonsohn, Barbara: *Gestengrassaft. Verjüngungselixier und naturgesunder Power-Drink.* Windpferd, Oberstdorf 2012

Wigmore, Ann: *Schlank, fit und gesund mit Weizengras.* Moderne Verlagsgesellschaft, München 1998 (vergriffen)

Wignall, Judita: *Going Raw. Wie Sie Ihre Ernährung erfolgreich auf Rohkost umstellen und damit ihr Leben bereichern.* Mit DVD. Hans-Nietsch-Verlag, Emmendingen 2012

Dank

Von ganzem Herzen danke ich allen, die den „grünen Lifestyle" leben, bereichern und sich für seine Verbreitung einsetzen. Er ist für mich der einzige Weg und jetzt ist es Zeit, dass wir aufwachen und unsere Zukunft selbst in die Hand nehmen!
Ein riesiges Dankeschön geht an Jens Pittasch, ohne den dieses Buch nicht zustande gekommen wäre. Von ganzem Herzen danke ich auch meinem wundervollen Verleger Hans Nietsch, der mir eine große Unterstützung bei meinem ersten Buchprojekt war. Ein herzliches Dankeschön, *muchísimas gracias* und *thank you* geht an mein internationales Fotografenteam José Enrique Barba und Mónica García Hernández von *Don Watson Reportages Éthiques* sowie Rebecca Marshall, mit denen ich gemeinsam wundervolle Fotos kreieren durfte. Danke auch an Jean Baptiste Warin und „Moit Moit" Amandine Grimaldi für die Unterstützung beim Fotoshooting. Audrey Habel, du kleiner Engel, du weißt, dass die Fotoproduktion nicht so glatt über die Bühne gegangen wäre, wärst du mir nicht Tag und Nacht helfend zur Seite gestanden. Danke!
Lieber Romi und liebe Mama, danke, dass ihr so bedingungslos für mich da seid! Ich liebe euch! :-)

Geschätzte Familie Tremblay und lieber Bob, euch danke ich für eure Großzügigkeit und die Selbstverständlichkeit, mit der ihr uns euer Zuhause für das Fotoshooting zur Verfügung gestellt habt! Ein Dankeschön für die tolle Unterstützung geht auch an Gottfried Lagler, Monika Blanz, Franz Eschenfelder, Eric Viard, Daniel Baslès und Jutta Humpert-Pigge, meine Kollegen aus der Sprossenwelt. *Last, but not least* auch ein großes Merci an Jérôme und Moby für das tolle Holz, auf dem wir die Sprossen und die Gerichte fotografiert haben. Außerdem danke ich allen Autoren und allen Verfechtern des Sprossen-Lifestyles in der Vergangenheit und der Gegenwart. Und vor allem danke ich *dir* dafür, dass du dieses Buch jetzt in Händen hältst und mit mir zusammen die Wunderwelt der Sprossen erkundest.
Ja und was wäre all dies alles ohne unsere geliebten Sprossen! Hier kann ich nur sagen: Danke, Wunder Leben!

Über die Autorin

AngelikA Fürstler wurde 1987 in Klagenfurt/ Österreich geboren. Das kreative Multitalent wirkt in Projekten weltweit als Botschafterin für einen ganzheitlichen, nachhaltigen und herzgeleiteten Lebensstil.
In ihre innovativen und genussvollen Rezepte und Konzepte fließt nicht nur das Beste ein, was ganzheitliche pflanzliche Ernährung zu bieten hat, sondern auch jede Menge Forschung, Kreativität, Liebe, Bewusstsein und Inspiration aus ihren weltweiten Reisen und Abenteuern.
AngelikA ist Begründerin der *HighVibe® Food & Lifestyle*-Bewegung und ihr Spezialgebiet als *Private Chef* ist die pflanzliche, gluten- und rohrzuckerfreie, kreative sowie lebensenergiereiche Ernährung mit Fokus auf Sprossen, Keimlinge, Mikrogrün, Gräser, Wildkräuter, Algen, fermentierten Lebensmitteln, ätherischen Ölen & Co.
Sie ist Mitbegründerin und Tutorin der zertifizierten GET-Ausbildung zum/r Diplomierten Ganzheitlichen Ernährungstrainerin und mit *VEGAN SUPER YACHT* bildet sie Chefköche auf Luxusyachten aus und organisiert ganzheitliche, Luxuscharterreisen, auf denen *Living-Foods* und *Good Vibrations* die Hauptrollen spielen. AngelikA Fürstler ist die Entwicklerin von *BounceBliss™*, einem weltweit einzigartigen holistischen Bewegungskonzept, bei dem sie zellaktivierende *Rebound-Fitness* bewusst mit yoga-inspirierten Übungen und *Personal Growth* verbindet.
Die junge Österreicherin ist *Eco-Lifestyle*- und Unterwassermodel, Künstlerin, *International Speaker* und frischgeborene Filmemacherin (mit ihrem Debut, dem preisgekrönten Kurzfilm *LOTUS*). AngelikAs Herz schlägt für das „Leben" und sie ist sowohl im Umwelt- und Tierschutz als auch bei humanitären Projekten aktiv.
Heute lebt die geborene Österreicherin mit ihrem Mann in Südfrankreich an der Côte d'Azur und ist Teil von weltweiten Events, in denen sie Menschen inspiriert, ein Leben voller Liebe, Freude und Glückseligkeit zu leben. Mehr über AngelikA findet ihr online unter:

www.angelikafurstler.de; https://angelikafurstler
www.zeitfuersprossen.com
AngelikA Fürstler auf Facebook:
www.facebook.com/angelikafurstler
auf Instagram: *@angelikafurstler*
auf Pinterest: *@angifurstler*
AngelikA´s Telegramkanal:
https://t.me/angelikafurstleroffiziell

Weiter geht's!

Ergänzend zu diesem Buch habe ich praktische Videos und hilfreiche Tipps & Tricks für dich vorbereitet.
Du findest sie auf meiner Website

www.angelikafurstler.de

Ich freue mich auf dich!

Angelika Fürstler

ANGELIKA FÜRSTLER
SPROSSEN
&
KEIMLINGE
15-Minuten-Rezepte
mit Vitalstoff-Food
HANS-NIETSCH-VERLAG